版编目（CIP）数据

（晋）郭璞著. —天津：天津古籍出版社，
.5.重印）
-7-80696-529-0

… Ⅱ. ①郭… Ⅲ. ①尔雅—注释—图集 Ⅳ. ①H1… 64

馆CIP数据核字（2008）第104020号

：娄珊珊
：赵春山

爾雅圖

作　者：（晋）郭璞
出版人：张玮
出　版：天津古籍出版社出版
地　址：天津市西康路35号　邮编 300051
网　址：http://www.tjabc.net
印　刷：河北华宝古籍印刷有限公司印刷
发　行：全国新华书店发行
开　本：16开
印　张：18.75
2008年7月第1版　2019年5月第2次印刷
书　号：ISBN 978-7-80696-529-0
定　价：980.00元

嘉慶六年影宋繪圖本重摹刊

爾雅音圖

藝學軒藏版

爾雅序

郭璞撰

夫爾雅者所以通詁訓之指歸敘詩人之興詠總絕代之離詞辯同實而殊號者也誠九流之津涉六藝之鈐鍵學覽者之潭奧摛翰者之華苑也若乃可以博物不惑多識於鳥獸草木之名者莫近於爾

雅爾雅者蓋興於中古隆於漢氏豹鼠既辨其業亦顯英儒贍聞之士洪筆麗藻之客靡不欽玩耽味為之義訓璞不揆檮昧少而習焉沈研鑽極二九載矣雖注者十餘然猶未詳備並多紛謬有所漏略是以復綴集異聞會稡舊說考方國之語采謠俗之志錯綜樊孫博

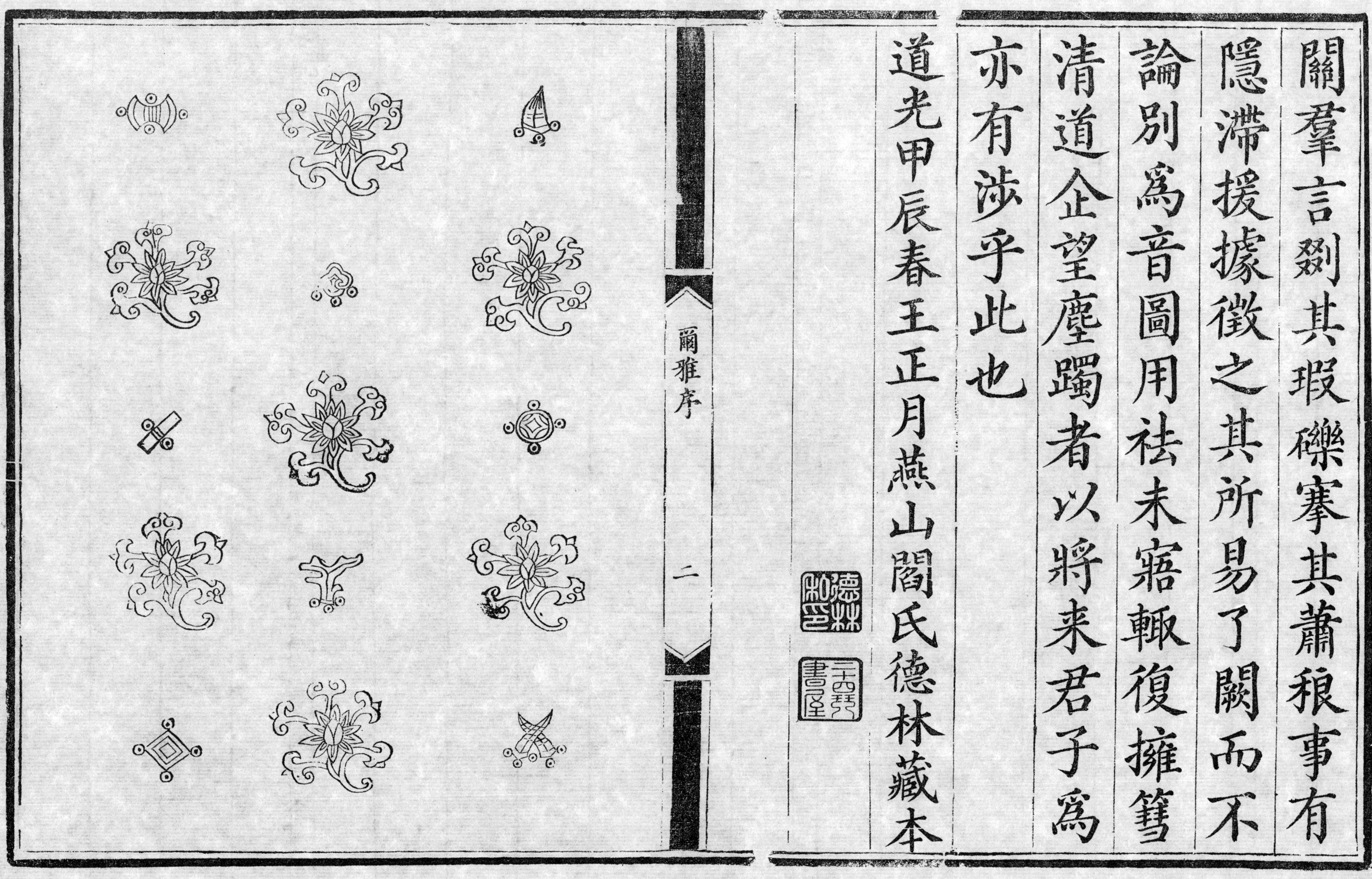

闕羣言劉其瑕礫搴其蕭稂事有隱滯援據徵之其所易了闕而不論別爲音圖用袪未寤輒復擁篲清道企望塵躅者以將来君子爲亦有涉乎此也

道光甲辰春王正月燕山閻氏德林藏本

圖象言約其數樂奉其蕭疏博雅
隱辭旁搜深微之其所以為圖者不
論列為音圖用法本寓輒演識羅
請進今應運圖者之精來君子為
亦有所考于此也
道光甲辰春王正月燕山圖氏德林藏本

爾雅圖重刊影宋本敘

爾雅圖三卷下卷分前後二卷實四卷元人寫本題影宋鈔繪圖爾雅案郭氏敘云別為音圖則郭本有圖及音義與注別行隋經籍志稱梁有爾雅圖二卷郭氏撰亡故其音及讚或見於釋文正義而不得其全帙郭璞之後又有江灌圖讚一卷音六卷見唐蓺文志而曹憲及釋智騫亦皆為音杜鎬孫奭又加詳定至蜀毋昭裔以釋

智騫及陸元朗釋文一字有兩音或三音後生疑於呼讀擇其文義最明者為定作音畧三卷見晁陳二志及玉海此本經文內有音中下卷有圖其音則較之釋文所載郭音或音或用反語多不合而附經為三卷正是音畧卷數當為毋昭裔音其圖則宋元人所繪甚精致疑必有所本即非郭氏之舊或亦江灌所為也考晉書江灌字道羣陳留圉人吳郡太守而張彥遠名

畫記以為字德源隋尚書令至武德中為
隋州司馬不知何以不合母昭裔去宋甚
近所為蜀本書傳世亦多宜其音尚存宋
人作韻書惟取沈約孫愐定本其有古音
相戾者即不收入故楊伯嵒作九經韻補
以證其鈌畧郭音既不存毋昭裔音畧亦
無傳者後世圖書又分為二家之學若孫
子兵法山海經諸書皆有書無圖然則舊
音及圖賴有宋本存其梗概良足寶矣此

書贈自曹大農文埴弆藏已久適孫觀察
星衍張太守敦仁見而譽之屬廣其傳復
得姚處士之麟摹繪付刊特識顛末以質
来者古人云爾雅以觀於政可以辨言又
云多識於鳥獸草木之名一物不知儒者
之耻遇物能名可為大夫則此書之成不
獨好古者所宜服膺為政者盍流覽於斯
嘉慶六年太歲辛酉十月望日兩淮都轉
鹽運使南城曾燠撰

爾雅卷上

郭璞註

釋詁第一　釋言第二

釋訓第三　釋親第四

釋詁第一

初哉首基肇音兆祖元胎俶音叔落權輿始也尚書曰三月哉生魄詩曰令終有俶又曰俶載南畝又曰訪予落止又曰胡不承權輿胚胎未成亦物之始也其餘皆義之常行者耳此所以釋古今之異言通方俗之殊語

林烝天帝皇王后辟音畢公侯君也詩曰有壬有林又曰文王烝哉其餘義皆通見詩書

弘廓宏溥介純夏幠音呼厖音旁墳嘏丕弈洪誕音但戎駿假京碩濯訏音吁宇穹壬路淫甫景廢壯冢簡箌音罩昄音反晊音姪將業席大也詩曰我受命溥將又曰亂如此幠為下國駿厖湯孫奏假王公伊濯訏謨定命有壬有林厥聲載路既有淫威廢為殘賊爾土宇昄章緇衣之席兮廓落宇宙穹隆至極亦為大也劉義未聞尸子曰此皆大有十餘名而同一實

幠厖有也二者又為有也詩曰遂幠大東

迄臻極到赴來弔艐音宗格戾懷摧音推詹至也齊楚之會郊曰懷宋曰屆詩曰先祖于摧又曰六日不詹詹摧皆楚語方言云

如適之嫁徂逝往也方言云自家而出謂之嫁猶女出為嫁

賚貢錫畀音計予貺賜也皆賜與也

儀若祥淑鮮音銑省臧嘉令類綝音嗔彀音叩攻穀介徽善也詩曰儀刑文王左傳曰禁御不若詩曰永錫爾類我車既攻介人維藩大姒嗣徽音省綝彀未詳其義餘皆常語

舒業順敘也皆謂次敘

舒業順敘緒也四者又為端緒

怡懌悅欣衎音勘喜愉豫愷康妉音丹般樂也皆見詩

悅懌愉釋賓協服也皆謂喜而服從

遹音聿遵率循由從自也自猶從也

遹遵率循也三者又為循行

靖惟漢圖詢度音鐸咨諏音苴究如慮謨猷肇基訪謀也國語曰詢于八虞咨于二虢度于閎夭謀于南宮諏于蔡原訪于辛尹通謂謀議耳如肇所未詳餘皆見詩

典彝法則刑範矩庸恒律戛職秩常也
柯憲刑範辟律矩則法也
辜辟戾辠也
黃髮齯齒鮐背耇老壽也
允孚亶展諶誠亮詢信也
展諶允慎亶誠也
謔浪笑敖戲謔也
粵于爰曰也
爰粵于也
爰粵于那都繇於也
閤翕仇偶妃匹會合也
仇讎敵妃知儀匹也
妃合會對也
妃媲也

紹胤嗣續纂緌績武係繼也
忥謐溢蟄慎貉謐顗頠密寧靜也
隕磒湮下降墜摽蘦落也
命令禧畛祈請謁訊誥告也
永悠迥違遐逖闊遠也
永悠迥遠遐也
虧壞圮垝毀也
矢雉引延順薦劉繹尸旅陳也
尸職主也
尸寀也
寀寮官也
績緒采業服宜貫公事也
永羕引延融駿長也
喬嵩崇高也
崇充也
犯奢果毅剋捷功
肩戡勝也

肙戡劉殺克也轉相訓耳公羊傳曰克之者何殺之也劉獮音尠斬刺音次
殺也書曰咸劉厥敵秋獮為獮應殺氣也公羊傳曰刺之者何殺之也亹亹音尾蠠音蜜
沒孟敦勗釗音招茂劭音邵勔音泯勉也詩曰亹亹文王蠠沒猶黽勉書曰茂
哉茂哉方言云周鄭之間相勸勉為勔釗孟未聞鶩音務務昏暋音閔強也馳鶩事務
皆自勉強書曰不昏作勞暋不畏死卬音昂吾台音怡予朕身甫余言我也
卬猶姎也語之轉耳書曰非台小子古者貴賤皆自稱朕禮記云授政任功曰予一人畛於鬼神曰有某
甫言見詩朕余躬身也今人亦自呼為身台音怡朕賚畀卜陽予音與
也賚卜畀皆賜與也與猶予也因通其名耳魯詩云陽如之何今巴濮之人自呼阿陽肅延誘
薦餤音淡晉寅藎音燼進也禮記曰主人肅客詩曰亂是用餤王之藎臣易曰晉進也
寅未詳羞餞迪烝進也皆見詩禮詔亮左右相音象導也皆謂教導
之詔相導左右助勴音慮也勴謂贊勉亮介尚右也紹介勸尚皆相
佑助左右亮也反覆相訓以盡其義緝熙烈顯昭皓熲音耿光也詩曰

學有緝熙于光明又曰休有烈光劼音吉鞏堅篤掔音牽虔膠固也劼虔皆見
詩書易曰鞏用黃牛之革固志也掔然亦牢固之意疇孰誰也易曰疇離祉暀暀音旺
皇皇藐藐音邈穆穆休嘉珍禕懿鑠美也自穆穆以上皆美盛之貌
其餘常語諧輯協和也書曰八音克諧左傳曰百姓輯睦關關噰噰音聲
和也皆鳥鳴相和勰音協燮和也書曰燮友柔克從申神加弼崇重
音崇也隨從弼輔增崇皆所以為重疊神所未詳㱿音學悉卒泯忽滅罄空畢
罊音擊殲音尖拔殄盡也㱿今直語耳忽然盡貌今江東呼厭極為罊餘皆見詩苞
蕪茂豐也苞叢繁蕪皆豐盛揫音揪斂屈收戢蒐音搜裒鳩樓聚
也禮記曰秋之言揫揫斂也春獵為蒐蒐者以其聚人衆也詩曰屈此羣醜原隰裒矣左傳曰以鳩其
民樓猶今言拘樓聚也肅齊遄音船速亟屢數音朔迅疾也詩曰仲山甫徂
齊寁音昝駿肅亟遄速也詩曰不寁故也駿猶迅速亦疾也壑阬阬音坑
滕徵隍漮音康虛也壑谿壑也阬阬謂阬塹也隍城池無水者方言云漮之言空也皆謂

丘墟耳滕徵未詳黎庶烝多醜師旅衆也皆見詩洋觀裒衆那
多也詩曰薄言觀者又曰受福不那洋溢亦多貌流差音叉柬音簡擇也皆選擇見
詩戰慄音栗震驚戁音赧竦恐慴音摺懼也詩曰不戁不竦慴即懾也
痡音蒲瘏音徒虺音灰頹玄黃劬勞咎顇音悴瘽音勤瘉音愈鰥戮
癙音鼠癵音聯瘇音里痒音羊疷音祁疵閔逐疚痗音妹瘥音瑳痱音肥
擅音亶瘵音債瘼音莫癠音際病也虺頹玄黃皆人病之通名而說者便為之馬病失其
義也詩曰生我劬勞書曰智藏瘝在相戮辱亦可恥病也今江東呼病曰瘵東齊曰瘼禮記曰親癠色容
不盛戮逐未詳餘皆見詩恙寫悝音里盱音吁繇音遙慘恤罹憂也今人云無
恙謂無憂也寫有憂者思散寫也詩曰悠悠我悝云何盱矣繇役亦為憂愁也倫勩音異邛敕
勤愉庸癉音談勞也詩曰莫知我勩維王之邛哀我癉人國語曰無功庸者倫理事務以
相約敕亦為勞勞苦者多情愉今字或作窳同勞來音賚強事謂翦篲勤也詩曰
職勞不來自勉強者亦勤力者由事事故為勤也詩曰迨其謂之翦篲未詳悠傷憂思也

爾雅卷上　四

皆感思也懷惟慮願念惄音溺思也詩曰惄如調飢祿祉履戩祓音廢
禧褫音斯祜福也詩曰福履綏之俾爾戩穀祓祿康矣褫禧書傳不見其義未詳禋祀
祠蒸嘗禴音藥祭也書曰禋于六宗餘者皆以為四時祭名也儼恪祗翼禋
音因恭欽寅熯音旱敬也儼然敬貌書曰夙夜惟寅詩曰我孔熯矣禋未詳朝旦
夙晨晙音俊早也晙亦明也顉音須竢替戾底止徯音係待也書曰
徯我后今河北人語亦然替戾底者皆止也止亦相待也噊音聿幾烖音哉殆危也幾猶
殆也噊烖未詳饑音祈汔音蓋也謂相摩近治肆古故也治未詳肆古見詩書肆
故今也肆既為故又為今今亦為故故亦為今此義相反而兼通者事例在下而皆見詩惇
亶祜篤掔仍肶音毗埤音脾竺音篤腹厚也頻仍埤益肶輔皆重厚掔然厚
貌餘皆見詩書載謨食詐偽也載者言而不信謨者謀而不忠書曰朕不食言話猷
載行訛言也詩曰慎爾出話猷者道道亦言也周禮曰作盟詛之載今江東通謂語為行世
以妖言為訛遘音構逢遇也謂相遭遇遘逢遇遻音悟也轉復為相觸遻遘

逢遇遻見行而相值即見顯昭覲釗覿音的見也顯昭明見也逸書曰釗我
周王監瞻臨涖音利頫音眺相視也皆謂察視也鞠訩溢盈也詩曰
降此鞫訩孔魄哉延虛無之言間也孔穴延魄虛無皆有間隙餘未詳瘞
音亦幽隱匿音覔蔽竄微也微謂逃藏也左傳曰其徒微之是也訖徽妥懷
安按替戾底底尼定曷遏音曷止也妥者坐也懷者至也按抑按也替廢
皆止住也戾底義見詩傳國語曰戾久將底孟子曰行或尼之今以逆相止為過微未詳豫射音亦
厭也詩曰服之無斁豫未詳烈績業也謂功業也績勳功也謂功勞也功
績質登平明考就成也功績皆有成詩曰質而民人禮記曰年穀不登穀梁傳曰
平者成也事有分明亦成濟也梏音谷梗較頲音挺庭道直也梏梗較頲皆正直也
詩曰既庭且碩頲道無所屈密康靜也皆安靜也豫寧綏康柔安也皆見
詩書平均夷弟易也皆謂易直矢弛音止也弛放弛易也相延易希
寡鮮罕也罕亦希也鮮寡也謂少酬酢侑報也此通謂相報荅不主于飲

酒毗劉暴音剝樂也謂樹木葉缺落蔭蔬暴樂見詩覭音陌髳音蒙茀離也
謂草木之叢茸翳薈也茀離即彌離彌離猶蒙蘢耳孫叔然字別為義失矣蠱諂音叨貳疑
也蠱惑有貳心者皆疑也左傳曰天命不諂音滔楨翰儀榦也詩曰維周之翰儀表亦體
榦弼棐音匪輔比俌也書曰天畏棐忱易曰比輔也俌猶輔疆界邊衛圉
音語垂也疆埸竟界邊旁營衛守圉皆在外垂也左傳曰聊以固吾圉也昌敵彊應丁
當也書曰禹拜昌言彊者好與物相當值浡肩搖動蠢迪俶厲作也浡然
興作貌蠢動作也公羊傳曰俶甚也穀梁傳曰始厲樂矣肩見書迪未詳茲斯咨呰音紫已
此也呰已皆方俗異語嗟咨𨑨音嗟也今河北人云𨑨歎閑狎串貫習
也串厭串貫伏也今俗語皆然曩塵佇淹留久也塵垢佇企淹滯皆稽久逮
及暨與也公羊傳曰會及暨皆與也逮亦及也隲音質假音暇格陟躋登陞
也方言云魯衛之間曰隲梁益曰格禮記曰天王登遐公羊傳曰躋者何陞也揮盝歇涸
竭也月令曰無漉陂池國語曰水涸而成梁揮振去水亦為竭歇通語抯拭刷清也

士察也書曰在璿璣玉衡士理官亦主聽察存即在烈枿音蘖餘也晉衛之間曰蘖
陳鄭之間曰烈迓迎也公羊傳曰跛者迓跛者元良首也左傳曰狄人歸先軫之元
良未聞薦摯臻也薦進也摯至也故皆為臻臻至也賡音庚揚續也書曰乃賡
載歌揚未詳祔音附祪音鬼祖也祔付也付新死於祖廟祪毀廟主即尼也即猶
今也尼者近也尸子曰悅尼而來遠尼定也尼者止也止亦定邇幾暱音匿近也
暱親近也妥音頹安坐也禮記曰妥而后傳命貉音陌縮綸也綸者繩也謂牽縛縮
貉之今俗語亦然貉嘆音莫安定也皆靜定見詩伊維也發語辭伊維
侯也詩曰侯誰在矣互相訓時寔音石是也公羊傳曰寔來者何是來也卒猷
假輟音拙已也猷假未詳求酋音由在卒就終也詩曰嗣先公爾酋矣成就
亦終也其餘未詳崩薨無祿卒徂落殪死也古者死亡尊卑同稱耳故尚書
堯曰殂落舜曰陟方乃死

釋言第二

殷齊中也書曰以殷仲春釋地曰岠齊州以南斯誃音侈離也齊陳曰斯誃見詩
謖音縮興起也禮記曰尸謖還復返也宣徇音遜徧也皆周徧也馹
音日遽傳音舡也皆轉車驛馬之名蒙荒奄也奄奄覆也皆見詩告音谷謁
請也皆求請也肅雝聲也詩曰肅雝和鳴格懷來也書曰格爾衆庶懷見詩
眕厎致也皆見詩傳恀音是怙恃也今江東呼母為恀音是律遹述也
皆敘述也方俗語耳俞盒音荅然也禮記曰男唯女俞盒者應也亦為然豫臚敘也
皆陳敘也庶幾尚也詩曰不尚息焉觀指示也國語曰且觀之兵若惠順
也詩曰惠然肯來敖幠傲也禮記曰無幠無傲傲慢也幼鞠稚也書曰不念鞠子
哀逸諐音愆過也書曰汝則有逸罰疑休戾也戾止也疑者亦止疾齊
壯也壯事謂速也齊亦疾悈音戒褊音匾急也皆急狹貿賈音古市也
詩曰抱布貿絲屝音費陋隱也禮記曰屝用席書曰揚側陋遏遾音誓逮也東齊
曰遏北燕曰遾皆相及逮征邁行也詩曰王于出征邁亦行圮音起敗覆也謂毀

[illegible]

覆洊音賤原再也易曰水洊至今呼重蠶為䗃憮音武敉音米撫也憮愛撫也
敉義見書臞音衢脙音求瘠也齊人謂瘠瘦為脙桄音光熲充也皆充盛也屢
暱亟也親暱者亦數亟亦故也靡罔無也爽差也音初爽忒也皆謂
用心差錯不專一佴音二貳也佴次為副貳劑翦齊也南方人呼翦刀為劑刀
饙音分餾音溜稔也今呼餐飯為饙饙熟為餾媵音映將送也左傳曰以媵秦穆姬
詩曰遠于將之作造為也餥音非餱音侯食也方言云陳楚之間相呼食為餥鞫
究窮也皆窮盡也見詩滷矜鹹苦也滷苦地也可矜憐者亦辛苦苦即大鹹干
流求也詩曰左右流之流覃也覃延也皆謂蔓延相被及佻音桃偷也
謂苟且潛深也潛深測也測亦水深之別名穀鞫生也詩曰穀則異室
啜茹也啜者拾食茹虞度也皆測度也詩曰不可以茹試式用也見詩書
誥誓謹也皆所以約勤謹戒眾競逐彊也皆自勉彊禦圉禁也禁制窒
音只薶音埋塞也謂塞孔穴黼音甫黻音弗彰也黼文如斧黻文如兩已相背膺

身親也謂躬親愷悌發也發發行也詩曰齊子愷悌髦士官也取俊士令
居官畯音俊農夫也今之嗇夫是也蓋割裂也蓋未詳邕支載也皆方
俗語亦未詳諈音隆諉音內累也以事相屬累為諈諉漠察清也皆清明庇
庥廕也今俗語呼樹蔭為庥穀履祿也書曰既富方穀詩曰福履將之履禮也
禮可以履行見易隱占也隱度逆迎也憯音慘曾也發語辭見詩增益
也今江東通言挾窶音縷貧也謂貧陋薆音愛隱也謂隱蔽僾音愛唈也
嗚唈短氣皆見詩基經也基業所以自經營基設也亦為造設祺祥也謂徵
祥祺吉也祥吉之先見兆域也謂塋界肇敏也書曰肇牽車牛挾音叶
藏也今江東通言挾浹音接徹也謂徹浹替廢也替滅也亦為滅絕速
徵也徵召也易曰不速之客琛音珍寶也詩曰來獻其琛探試也刺探嘗試
髦選也俊士之選髦俊也士中之俊如毛中之髦俾職也使供職紕音備
飾也謂緣飾見詩淩音凌慄也淩懅戰慄慄慄感也戰慄者憂感蠲明也

蠲清明貌茅明也左傳曰前茅慮無明朗也猷圖也周官曰以猷鬼神祇謂圖
畫猷若也詩曰寔命不猷偁舉也書曰偁爾戈稱好也物稱人意亦為好
坎律銓也易坎卦主法法律皆所以銓量輕重矢誓也相約誓舫舟也竝兩
船泳游也潛行游水底迨及也東齊曰迨冥幼也幼稚者冥昧降下
也傭音容均也齊等强暴也强梁淩暴窕肆也輕窕者好放肆肆力也
肆極力俅戴也詩曰戴弁俅俅瘞幽也幽亦薶也氂音離罽也毛氂所以為罽
烘燎也謂燒燎煁音針烓音頃也今之三隅竈見詩陪朝也陪位為朝康
苛也謂苛刻樊藩也謂藩籬賦量也賦稅所以評量粻糧也今江東通
言粻庶侈也庶者衆多為奢侈庶幸也庶幾僥倖筑拾也謂拾掇奘駔
音粗也今江東呼大為駔駔猶麤也集會也舫泭音孚也水中簰筏洵均也
謂調均洵龕也未詳逮遝音沓也今荊楚人皆云遝音沓是則也是事可法
則畫形也畫者為形象賑音振富也謂隱賑富有局分也謂分部懠
音濟怒也詩曰天之方懠音薺偯音屑聲也謂聲音葵揆也詩曰天子葵之揆
度也商度逮及也惄飢也惄然飢意眕音軫重也謂厚重見左傳獵虐
也淩獵暴虐土田也別二名戍遏也戍守所以止寇賊師人也謂人衆
硈音恰鞏也硈然堅固棄忘也囂音驍閑也囂然閑暇貌謀心也謀慮
以心獻聖也謚法曰聰明睿智曰獻里邑也謂邑居襄除也詩曰不可襄
振古也詩曰振古如茲猶云久若此懟音對怨也縭音離介也縭者繫也介猶
閡號謼音呼也今江東皆言謼凶咎也苞稹也今人呼物叢致者為稹逜
音悟寤也相干寤顁音定題也題額也詩曰麟之定猷肯可也詩曰猷來無棄
肯今通言務侮也詩曰外禦其侮貽遺音位也相歸遺貿買也廣二名賄
財也甲狎也謂習狎菼音剡騅也菼薍音亂也詩曰毳衣如菼菼草色如
騅在青白之間粲餐音孫也今河北人呼食為餐渝變也謂變易宜肴也詩曰
與子宜之夷悅也詩曰我心則夷顛頂也頭上耋音迭老也八十為耋輶音酉

輕也詩曰德輶如毛俴音踐淺也詩曰小戎俴收綯音陶絞也糾絞繩索訛化
也詩曰四國是訛跋躐音獵也詩曰狼跋其胡疐音致跲音結也詩曰載疐其尾烝
塵也人衆所以生塵埃戎相也相佐助餀私也宴飲之私孺屬也謂親
屬幕暮也幕然暮夜煽熾也熾盛也互相訓煽義見詩柢音帝本也
謂根本窕閒也窈窕閒隙淪率也相率使罹毒也憂思慘毒檢同也
模範同等郵過也道路所經過遜遯也謂逃去斃音弊踣也前覆僨音糞
僵音姜也却偃畛殄也謂殄絕曷盍也盍何不虹潰音會也謂潰敗
隌音唵闇也隌然冥貌䵒音匿膠也膠黏䵒孔甚也厥其也戛禮
也謂常禮闍音都臺也城門臺囚拘也謂拘執攸所也展適也
得自申展皆適意鬱氣也鬱然氣出宅居也休慶也祈叫也祈祭者叫
呼而請事濬幽深也濬亦深也哲智也弄玩也尹正也謂官正也皇
匡正也詩曰四國是皇服整也服御之令齊整聘問也見穀梁傳愧慙也

殛音亟誅也書曰鯀則殛死克能也翌明也書曰翌日乃瘳訩訟也言訩
讟晦冥也奔走也逡退也外傳曰已復於事而逡疐仆也頓躓倒仆
亞次也諗音審念也相思念屆極也有所限極奄同也詩曰奄有龜蒙
弇音掩蓋也謂覆蓋恫痛也詩曰神罔時恫握具也謂備具振訊也
振者奮迅鬩音吸恨也相怨恨越揚也謂發揚對遂也詩曰對揚王休燬
音毀火也詩曰王室如燬燬齊人語懈怠也宣緩也謂寬緩遇偶也偶爾
相值遇曩音囊曏音響也國語曰曩而言戲也偟音皇暇也詩曰不遑啓處宵夜
也懊音奧忨音阮也謂愛忨愒音喝貪也謂貪羨榰音枝柱也相榰柱
裁節也並併也詩曰並坐鼓瑟卒既也既已慒音囚慮也謂謀慮也將
資也謂資裝黹音止紩音秩也今人呼縫紩衣為黹遞迭也更迭矧況也
譬況廩廯音侁也或說云即倉廩所未詳逭音換逃也亦見禮記訊言也相問
訊閒音諫俔也左傳謂之諜今之細作也沄音云沆音伉也水流漭沆干扞也

相扞衛趾足也足脚跳音費刖也斷足襄駕也書曰懷山襄陵忝辱也
燠音浴煖也今江東通言燠塊塩音逼也土塊也外傳曰枕凷以塩將齊音濟也
謂分齊也詩曰或肆或將餬饘音占也糜也啓跪也小跽矏密也謂緻密開
闢也書曰闢四門袍襺音減也左傳曰重襺衣裘障畛也謂壅障靦音腆
姡音滑也面姡然鬻音祝糜也淖糜舒緩也謂遲緩翢音刁纛音到也
今之羽葆幢纛翳也舞者所以自蔽翳隍壑也城池空者為壑芼搴也謂拔
取菜典經也威則也威儀可法則苛妎音係也煩苛者多嫉妎芾音貝小
也芾者小貌迷惑也狃音紐復也狃忕復為逼迫也般還也左傳曰般
馬之聲班賦也謂布與濟渡也濟成也濟益也所以廣異訓各隨事
為義緍音民綸也詩曰維絲伊緍緍繩也江東謂之綸辟歷也未詳漦音斯盝也
漉漉出涎沫寬綽也謂寬裕也衮黻也衮衣有黻文皇華也釋草曰葟華榮
昆後也謂先後方俗語彌終也終竟也

釋訓第三

明明斤斤察也皆聰明鑒察條條音由秩秩智也皆智思深長穆
穆肅肅敬也皆容儀謹敬諸諸便便音楩辯也皆言辭辯給肅肅
翼翼恭也皆恭敬廱廱音雍優優和也皆和樂兢兢憴憴音繩
戒也皆戒慎戰戰蹌蹌動也皆恐動趨步晏晏溫溫柔也皆和
柔業業翹翹危也皆懸危惴音墜惴憢憢音囂懼也皆危懼番
音波番矯矯勇也皆壯勇之貌桓桓烈烈威也皆嚴猛之貌洸洸
赳赳武也皆果毅之貌藹藹濟濟止也皆賢士盛多之容止悠悠洋
洋思也皆憂思蹶蹶踖踖音夕敏也皆便速敏捷薨薨增增衆
也皆衆夥之貌烝烝遂遂作也皆物盛興作之貌委委佗佗音陀美
也皆佳麗美豔之貌怟怟音底惕惕愛也詩云心焉惕惕韓詩以為悅人故言愛也
怟怟未詳偁偁格格舉也皆舉持物蓁蓁孽孽戴也皆頭戴物懕懕

音嫣媞媞音題安也皆好人安詳之容祁祁遲遲徐也皆安徐丕丕
簡簡大也皆多大存存萌萌在也萌萌未見所出懋懋音茂慔慔
音暮勉也皆自勉强庸庸慅慅音搔勞也皆劬勞也赫赫躍躍迅也
皆盛疾之貌綽綽爰爰緩也皆寬緩也悠悠偁偁丕丕簡簡存存懋懋庸庸綽綽盡重
語坎坎墫墫音蹲喜也皆鼓舞懽喜瞿瞿休休儉也皆良士節儉
旭旭蹻蹻音角憍音嬌也皆小人得志憍蹇之貌夢夢訰訰音諄亂也
皆闇亂爆爆音雹邈邈悶也皆煩悶儚儚音蒙洄洄惛也皆迷惛
版版盪盪僻也皆邪僻爞爞音同炎炎薰也皆旱熱薰炙人居居
究究惡也皆相憎惡仇仇敖敖傲也皆傲慢賢者佌佌音此瑣瑣
小也皆才器細陋悄悄慘慘愠也皆賢人愁恨痯痯音管瘐瘐音與
病也皆賢人失志懷憂病也殷殷惸惸音瓊忉忉慱慱音團欽欽京
京忡忡惙惙怲怲音柄奕奕憂也此皆作者歌事以詠心憂畇畇音巡

田也言墾辟也畟畟音策耜也言嚴利郝郝耕也言土解繹繹生
也言種調穟穟音遂苗也言茂好也緜緜穮音摽也言耘耨精挃音直挃
穫音活也刈禾聲栗栗衆也積聚緻溞溞音搔淅音錫也淅米聲烰
烰烝也氣出盛俅俅服也謂戴弁服峨峨祭也謂執圭璋助祭鍠鍠
音橫樂也鐘鼓音穰穰福也言饒多子子孫孫引無極也世世
昌盛長無窮顒顒卬卬君之德也道君人者之德望丁丁音爭嚶嚶
相切直也丁丁斫木聲嚶嚶兩鳥鳴以喻朋友切磋相正藹藹萋萋臣盡力
也梧桐茂賢士衆地極化臣竭忠噰噰喈喈民協服也鳳凰應德鳴相和百姓懷
附與頌歌佻佻音兆契契愈遐急也賦役不均小國困竭賢人憂歎遠益急切宴
宴粲粲尼居息也盛飾宴安近處優閑哀哀悽悽懷報德也悲苦
征役思所生也儵儵音踢嘒嘒音惠罹禍毒也悼王道穢塞羡蟬鳴自得傷已失所
遭讒賊晏晏旦旦悔爽忒也傷見絕棄恨士失也皋皋琄琄音楦刺

素食也譏無功德尸寵祿也懽懽音貫愮愮音遙憂無告也賢者憂懼無所
訴也憲憲洩洩制法則也佐興虐政設教令也謔謔謞謞音學崇讒
慝也樂禍助虐增譖惡也翕翕訿訿音紫莫供職也賢者陵替姦黨熾背公恤
私曠職事速速蹙蹙惟逑鞫也陋人專祿國侵削賢士永哀念窮迫抑抑密
也威儀審諦秩秩清也德音清泠甹音屏夆音風掣曳也謂牽拕朔北
方也謂幽朔不俟不來也不可待是不復來不遹音聿不蹟也不言不
循軌跡也不徹不道也徹亦道也勿念勿忘也勿念念也萲音袁諼音喧
忘也義見伯兮考盤詩每有雖也詩曰每有良朋辭之雖也饎音熾酒食也
猶今云饎饌皆一語而兼通舞號音毫雩音于也雩之祭舞者吁嗟而請雨暨音忌不
及也公羊傳曰及我欲之暨不得已暨不得已是不得及蠢不遜也蠢動為惡不謙遜也
如切如磋道學也骨象須切磋而為器人須學問以成德如琢如磨自
修也玉石之被雕磨猶人自修飾瑟兮僩兮恂慄也恂戰慄赫兮烜

兮威儀也貌光宣有斐君子終不可諼兮斐文貌道盛德
至善民之不能忘也常思詠既微且尰音腫骭音莧瘍音羊為
微腫足為尰骭脚脛瘍瘡是刈是穫鑊煮之也煑葛為絺綌履
帝武敏武迹也敏拇音畝也拇迹大指處張仲孝友周宣王時賢臣
善父母為孝善兄弟為友有客宿宿言再宿也有客
信信言四宿也再宿為信重言之故知四宿美女為媛音怨所以結好媛
美士為彥人所彥詠其虛其徐威儀容止也雍容都雅之貌猗音衣
嗟名兮目上為名眉眼之間式微式微者微乎微者也言至
微之子者是子也斥所詠徒御不驚輦者也步挽輦車襢音但
裼音息肉袒也脫衣而見體暴虎徒搏也空手執也馮河徒涉也
無舟楫籧音渠篨音除口柔也籧篨之疾不能俯口柔之人視人顏色常亦不伏因以名
云戚施面柔也戚施之病不能仰面柔之人常俯似之亦以名云夸音誇毗體

柔也屈已卑身以柔順人也婆娑舞也舞者之容擗音劈拊音撫心也謂椎
胷也矜憐撫掩之也撫掩猶撫拍謂慰恤也緎音域羔裘之縫音逢也
縫飾羔皮之名殿屎音希呻也呻吟之聲幬音紬謂之帳今江東亦謂帳為幬侜
音舟張誑也書曰無或侜張為幻幻惑欺誑人者誰昔昔也誰發語辭不辰不
時也辰亦時也凡曲者為罶毛詩傳曰罶曲梁也凡以簿為魚笱者名為罶罶音柳
鬼之為言歸也尸子曰古者謂死人為歸人

釋親第四

宗族

父爲考母爲妣禮記曰生曰父母妻死曰考妣嬪今世學者從之按尚書曰大傷厥考心
事厥考厥長聽聽祖考之彝訓如喪考妣公羊傳曰惠公者何隱之考也仲子者何桓之母也蒼頡篇曰
考妣延年書曰嬪于虞詩曰聿嬪于京周禮有九嬪之官明此非死生之異稱矣其義猶今謂兄為晜妹
為媢即是此例也妣音比父之考爲王父父之妣爲王母加王者尊之

王父之考爲曾祖王父王父之妣爲曾祖王母曾猶重也
曾祖王父之考爲高祖王父曾祖王父之妣爲高祖
王母高者言最在上父之世父叔父爲從祖祖父父之世母
叔母爲從祖祖母從祖而別世統異故父之晜音昆弟先生爲世
父後生爲叔父世有為嫡者嗣世統故也男子先生爲兄後生爲
弟男子謂女子先生爲姊後生爲妹父之姊妹爲姑
父之從父晜弟爲從祖父父之從祖晜弟爲族父族
父之子相謂爲族晜弟族晜弟之子相謂爲親同姓
同姓之親無服屬兄之子弟之子相謂爲從父晜弟從父而別子
之子爲孫孫猶後也孫之子爲曾孫曾猶重也曾孫之子爲玄
孫玄者言親屬微昧也玄孫之子爲來孫言有往來之親來孫之子爲
晜孫晜後也汲冢竹書曰不窋之晜孫晜孫之子爲仍孫仍亦重也仍孫

之子爲雲孫（言輕遠如浮雲）王父之姊妹爲王姑曾祖王父之姊妹爲曾祖王姑高祖王父之姊妹爲高祖王姑父之從父姊妹爲從祖姑父之從祖姊妹爲族祖姑父之從父晜弟之母爲從祖王母父之從祖晜弟之母爲族祖王母父之兄妻爲世母父之弟妻爲叔母父之從父晜弟之妻爲從祖母父之從祖晜弟之妻爲族祖母父之從祖祖父爲族曾王父父之從祖祖母爲族曾王母父之妾爲庶母祖王父也晜兄也（今江東人通言晜）

母黨

母之考爲外王父母之妣爲外王母母之王考爲外曾王父母之王妣爲外曾王母（異姓故言外）母之晜弟爲舅母之從父晜弟爲從舅母之姊妹爲從母從母之男子爲從母晜弟其女子子爲從母姊妹

妻黨

妻之父爲外舅妻之母爲外姑（謂我舅者吾謂之甥然則亦宜呼壻爲甥孟子曰帝館甥于二室是）姑之子爲甥舅之子爲甥妻之晜弟爲甥姊妹之夫爲甥（四人體敵故更相爲甥甥猶生也今人相呼蓋依此）妻之姊妹同出爲姨（同出謂俱已嫁詩曰邢侯之姨）女子謂姊妹之夫爲私（詩曰譚公維私）男子謂姊妹之子爲出（公羊傳曰蓋舅出）女子謂晜弟之子爲姪（左傳曰姪其從姑姪音牒）謂出之子爲離孫謂姪之子爲歸孫女子子之子爲外孫女子同出謂先生爲姒（音似）後生爲娣（同出謂俱嫁事一夫公羊傳曰諸侯娶一國二國往媵之以姪娣從娣者何弟也此即其義也娣音第）女子謂兄之妻爲嫂弟之妻爲婦（猶今

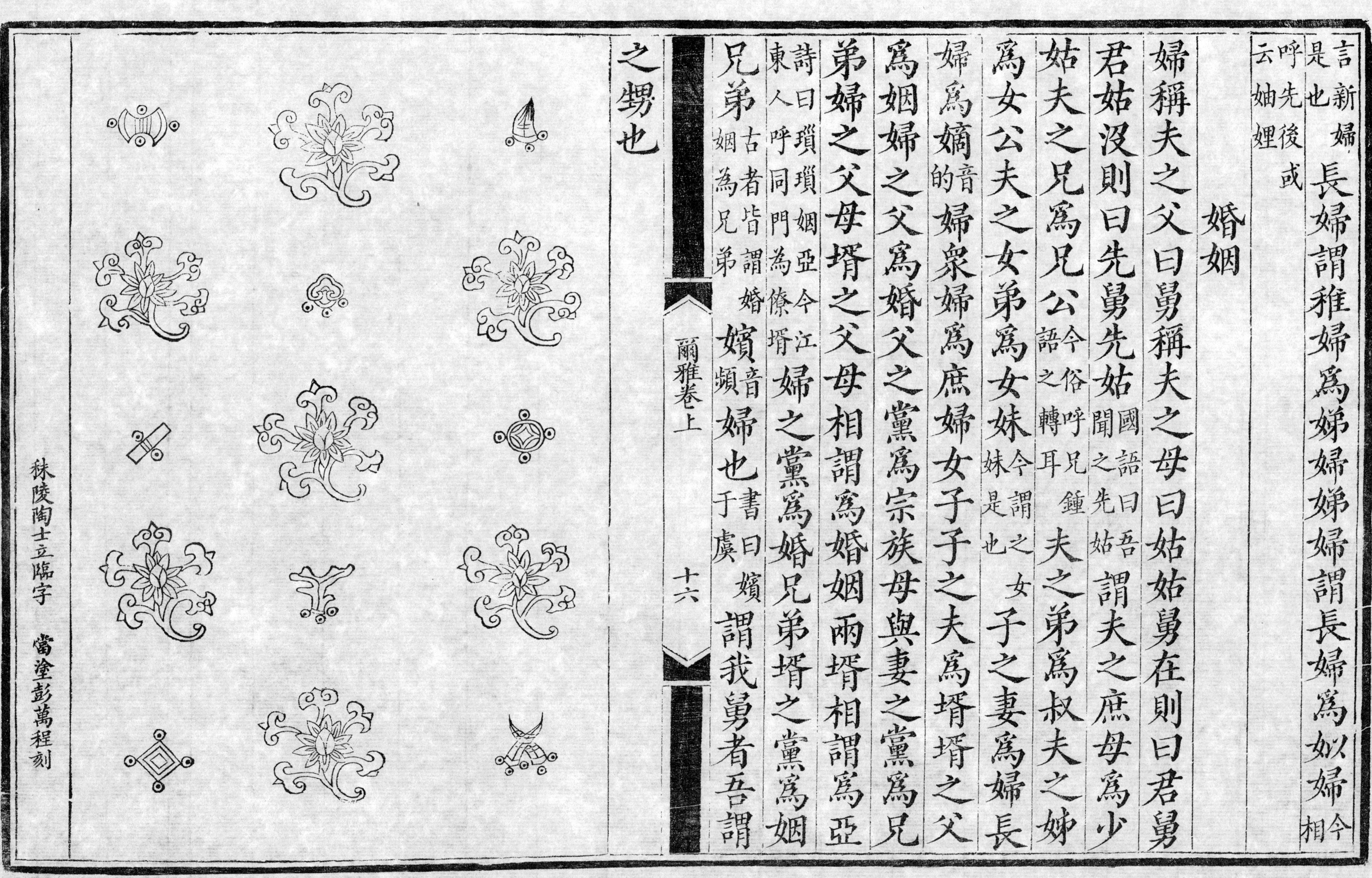

言新婦是也長婦謂稚婦爲娣婦娣婦謂長婦爲姒婦今相呼先後或云妯娌

婚姻

婦稱夫之父曰舅稱夫之母曰姑姑舅在則曰君舅君姑沒則曰先舅先姑國語曰吾聞之先姑謂夫之庶母爲少姑夫之兄爲兄公今俗呼兄鍾語之轉耳夫之弟爲叔夫之姊爲女公夫之女弟爲女妹今謂之女妹是也子之妻爲婦長婦爲嫡音的婦衆婦爲庶婦女子子之夫爲壻壻之父爲姻婦之父爲婚父之黨爲宗族母與妻之黨爲兄弟婦之父母壻之父母相謂爲婚姻兩壻相謂爲亞詩曰瑣瑣姻亞今江東人呼同門爲僚壻婦之黨爲婚兄弟壻之黨爲姻兄弟古者皆謂婚姻爲兄弟嬪音頻婦也書曰嬪于虞謂我舅者吾謂之甥也

秣陵陶士立臨字　當塗彭萬程刻

爾雅卷中

郭璞註

釋宮

釋宮第五

宮謂之室室謂之宮皆所以通古今之異語明同實而兩名牖戶之間謂之扆窻東戶西也禮云斧扆者以其所在處名之扆音倚其內謂之家今人稱家義出於此東西牆謂之序所以序別內外西南隅謂之奧室中隱奧之處西北隅謂之屋漏詩曰尚不媿於屋漏其義未詳東北隅謂之宧宧見禮亦未詳宧音夷東南隅謂之窔禮曰婦室聚窔窔亦隱闇窔音要秩音直謂之閾閾門限閾音域棖謂之楔門兩旁木楔音甲楣謂之梁門戶上橫梁樞謂之椳門戶扉樞椳音煨樞達北方謂之落時門持樞者或達北穩以為固也落時謂之㞟道二名也㞟音士垝謂之坫在堂隅坫端也坫音店牆謂之墉書曰既勤垣墉鏝謂之杇泥鏝杇音烏椹謂之榩斫木櫍也榩音虔地謂之黝黑飾地也黝音悠牆謂之堊白飾牆也堊音惡樴音得謂之杙橜也杙音亦在牆者謂之楎禮記曰不敢懸於夫之楎箷楎音暉在

地者謂之臬即門橜也臬音業大者謂之栱長者謂之閣別杙所在長短之名闍音都謂之臺積土四方有木者謂之榭臺上起屋雞棲於弋為榤音竭鑿垣而棲為塒今寒鄉穿牆棲雞皆見詩塒音時植謂之傳傳謂之突戶持鏁植也見埤蒼杗音忙廇音溜謂之梁屋大梁也其上楹謂之棁侏儒柱也棁音拙閞音卞謂之槉柱上欂也亦名枅又曰楮槉音疾栭謂之楶即櫨也楶音節棟謂之桴屋檼桴音浮桷謂之榱屋椽榱音衰桷直而遂謂之閱謂五架屋際椽正相當直不受檐謂之交謂五架屋際椽不直上檐交於檼上檐謂之樀屋梠樀音滴容謂之防形如今牀頭小曲屏風唱射者所以自防隱見周禮連謂之簃堂樓閣邊小屋今呼之簃廚連觀也簃音移屋上薄謂之筄屋笮筄音曜兩階間謂之鄉人君南鄉當階間鄉音向中庭之左右謂之位羣臣之列位也門屏之間謂之宁人君視朝所宁立處宁音佇屏謂之樹小牆當門中閍音崩謂之

門（詩曰祝祭於祊）正門謂之應門（朝門）觀（音貫）謂之闕（宮門雙闕）宮中之門謂之闈（謂相通小門也）其小者謂之閨小閨謂之閤（大小異名）衖（音巷）門謂之閎（左傳曰盟諸僖閎閎衖頭門閎音厷）門側之堂謂之塾（夾門堂也塾音熟）橛（音厥）謂之闑（門閫闑音業）闔謂之扉（公羊傳曰齒著于門闔）所以止扉謂之閎（門辟旁長橛也左傳曰高其閈閎閎長杙即門橜也）瓴（音苓）甋（音的）謂之甓（瓴甋甎也今江東呼瓴甓甓音擗）宮中衖謂之壼（巷閤間道）（壼音閫）廟中路謂之唐（詩曰中唐有甓）堂途謂之陳（堂下至門徑也）路旅途也（途即道也）路場猷行道也（博說道之異名）一達謂之道路二達謂之岐旁（岐道旁出也）三達謂之劇（音極）旁（今南陽冠軍樂鄉數道交錯俗呼之五劇鄉）四達謂之衢（交道四出）五達謂之康（史記所謂康莊之衢）六達謂之莊（左傳曰得慶氏之木百車於莊）七達謂之劇驂（三道交復有一岐出者今北海劇縣有此道）八達謂之崇期（四道交出）九達謂之逵（四道交出復有旁通）

室中謂之時堂上謂之行堂下謂之步門外謂之趨中庭謂之走大路謂之奔（此皆人行步趨走之處因以名云）隄（音低）謂之梁（即橋也或曰石絕水者為梁見詩傳）石杠（音江）謂之徛（聚石水中以為步渡彴也孟子曰歲十月徒杠成或曰今之石橋徛音寄）室有東西廂曰廟（夾室前堂）無東西廂有室曰寢（但有大室）無室曰榭（榭即今堂堭）四方而高曰臺陜（音狹）而修曲曰樓（修長也）

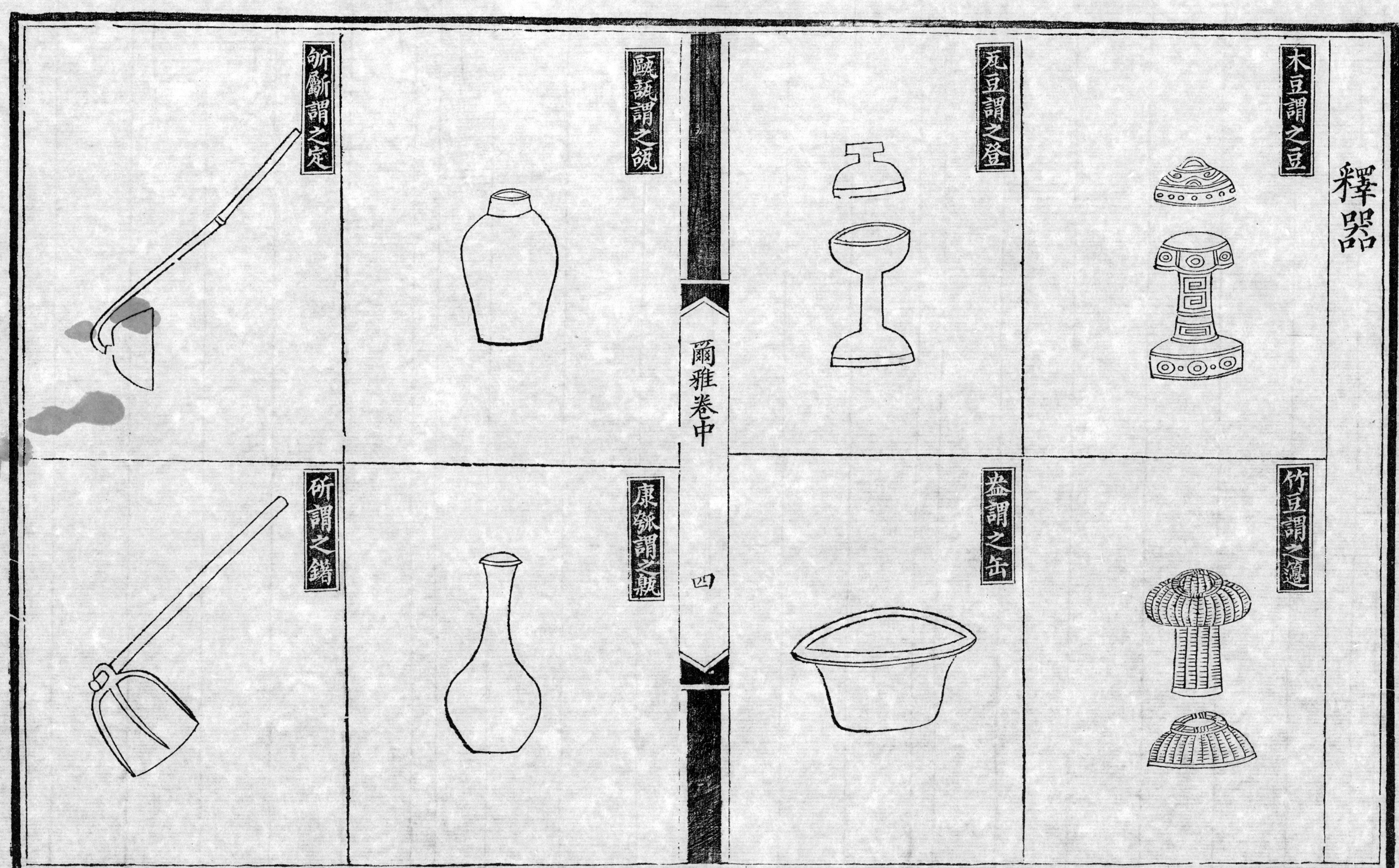

釋器

木豆謂之豆

竹豆謂之籩

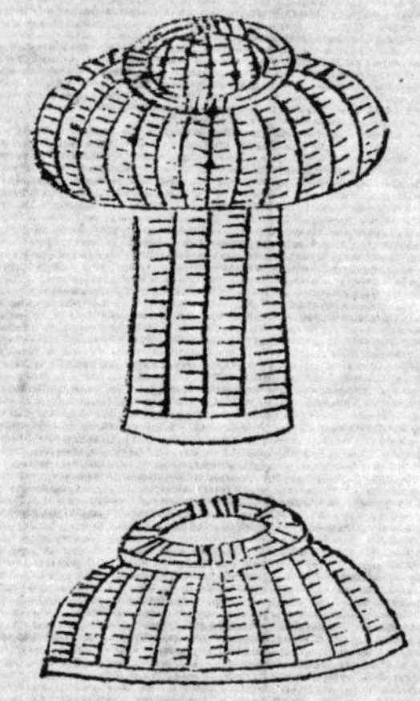

瓦豆謂之登

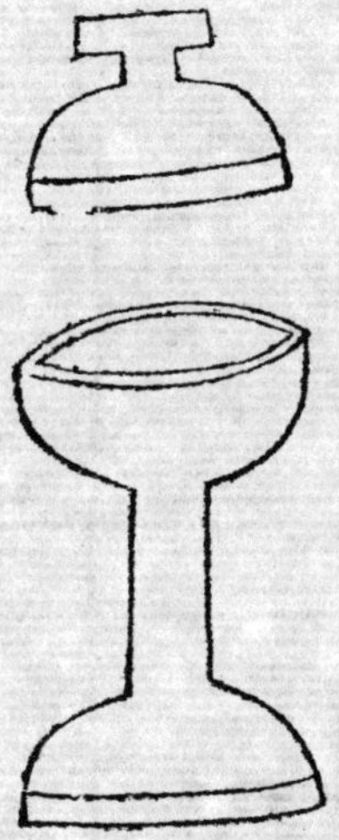

盎謂之缶

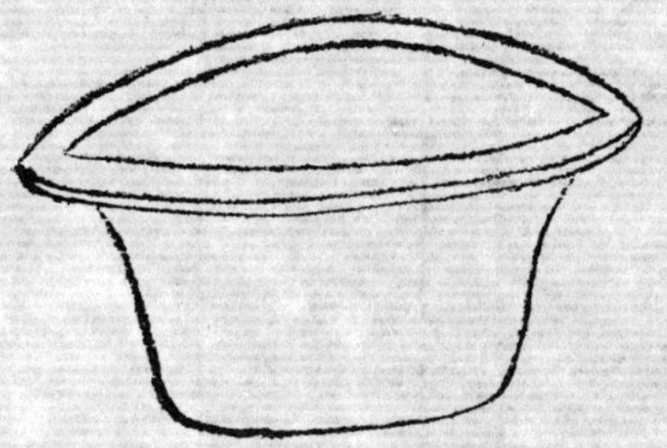

甌瓿謂之瓵

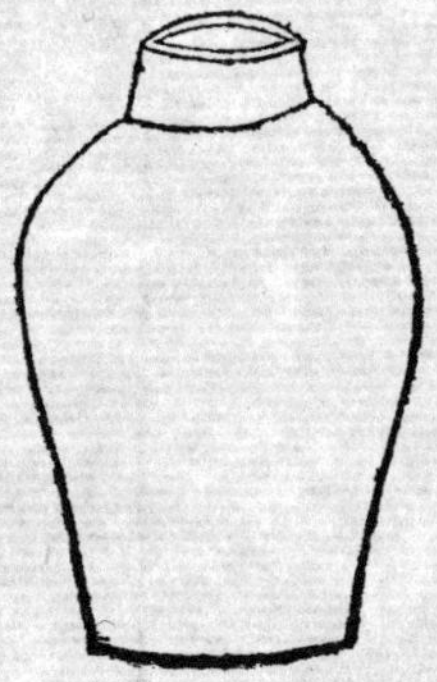

康瓠謂之甈

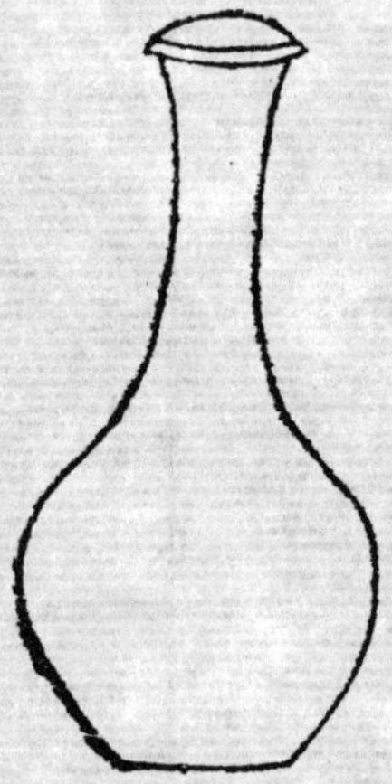

斪斸謂之定

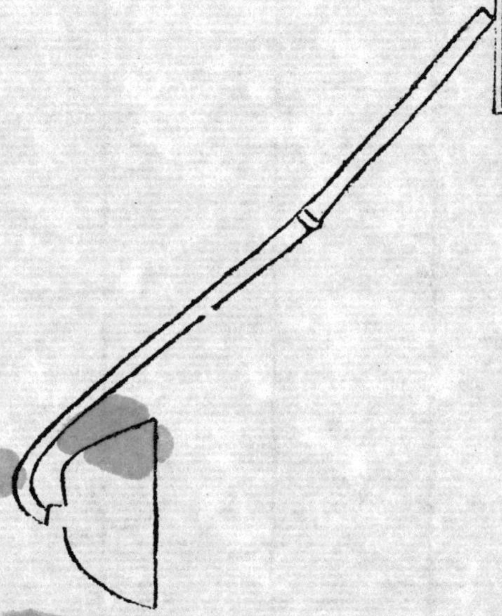

斫謂之鐯

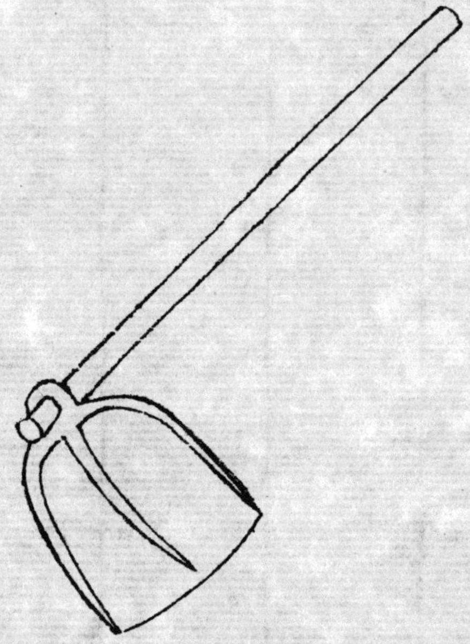

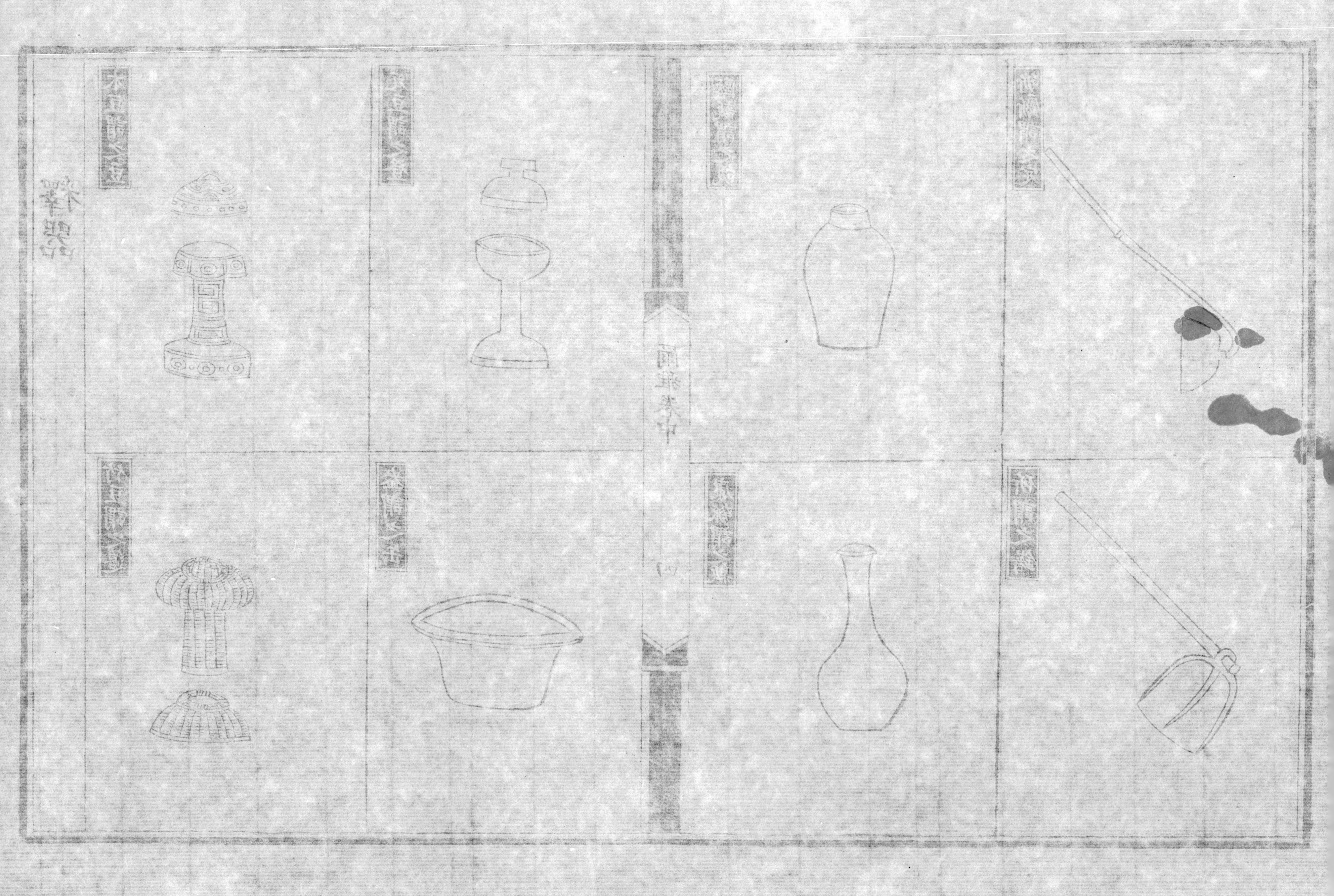

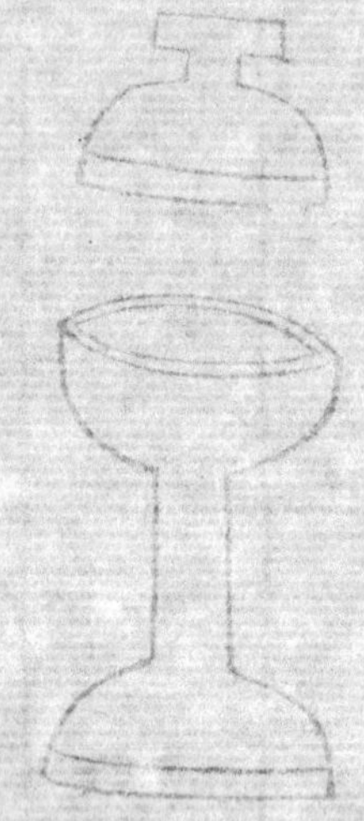

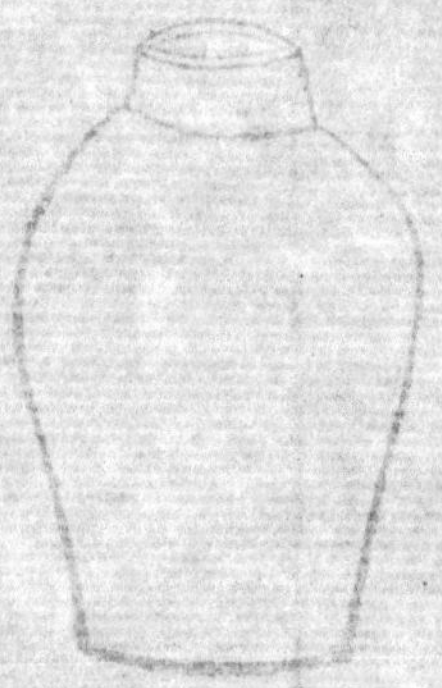

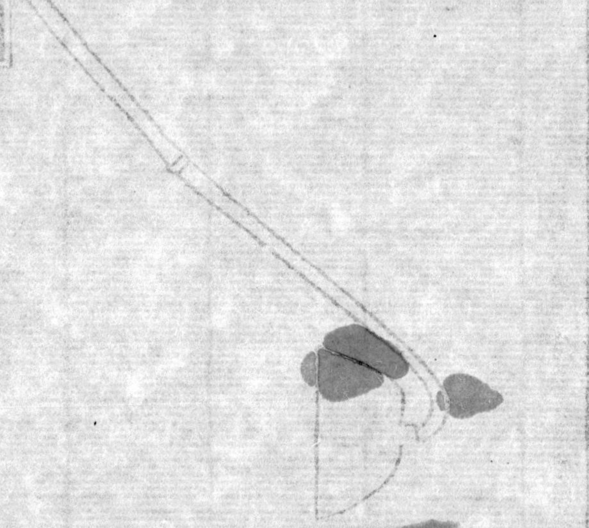

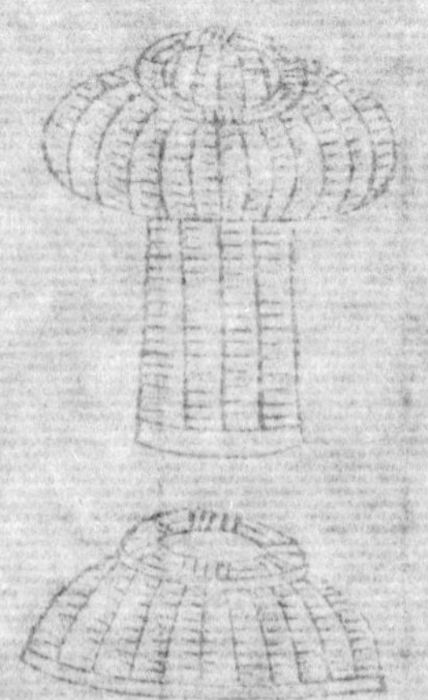

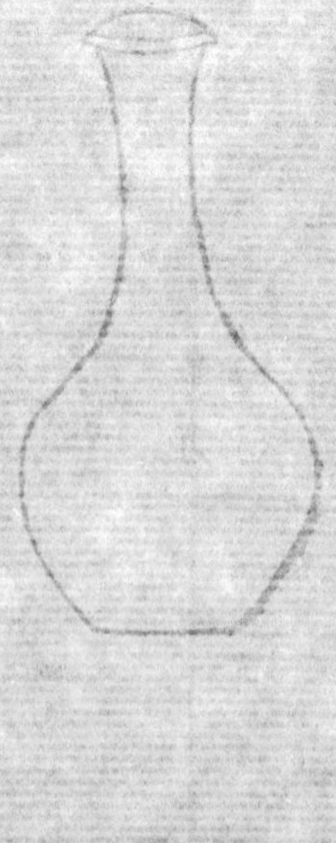

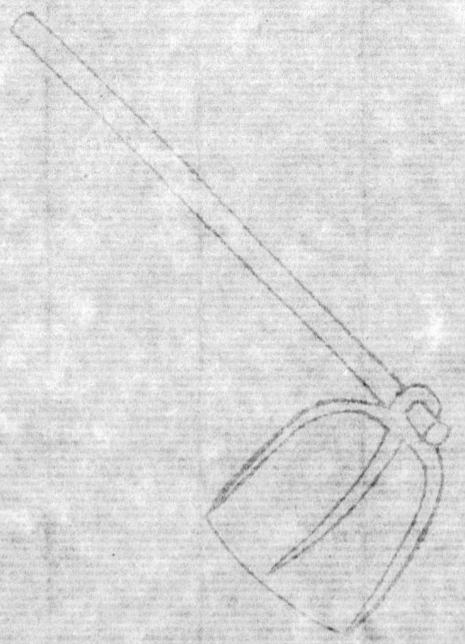

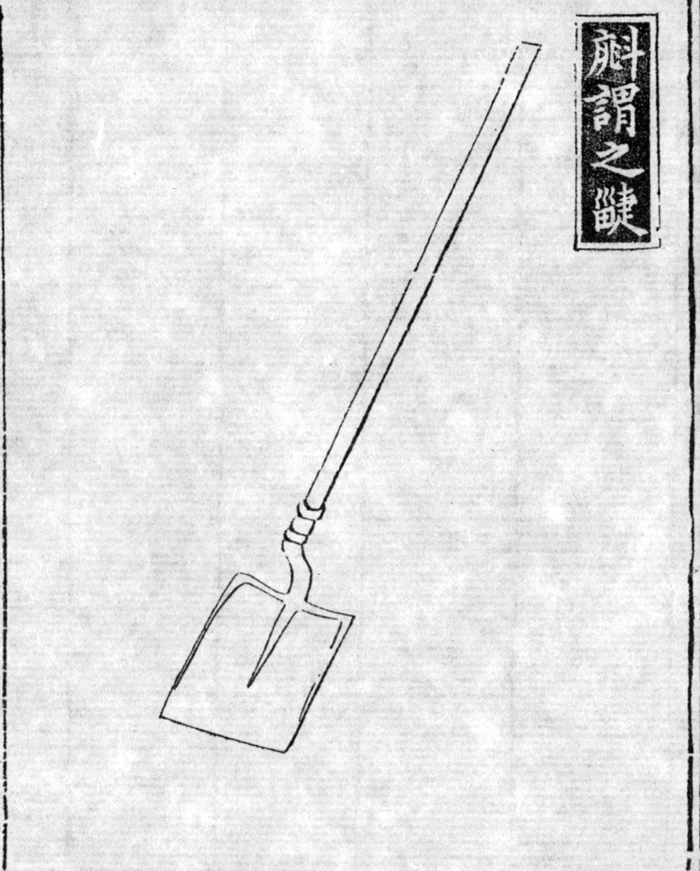
斛謂之疀

嫠婦之笱謂之罶

緵罟謂之九罭

罺謂之汕

籗謂之罩

槮謂之涔

鳥罟謂之羅

兔罟謂之罝

大版謂之業

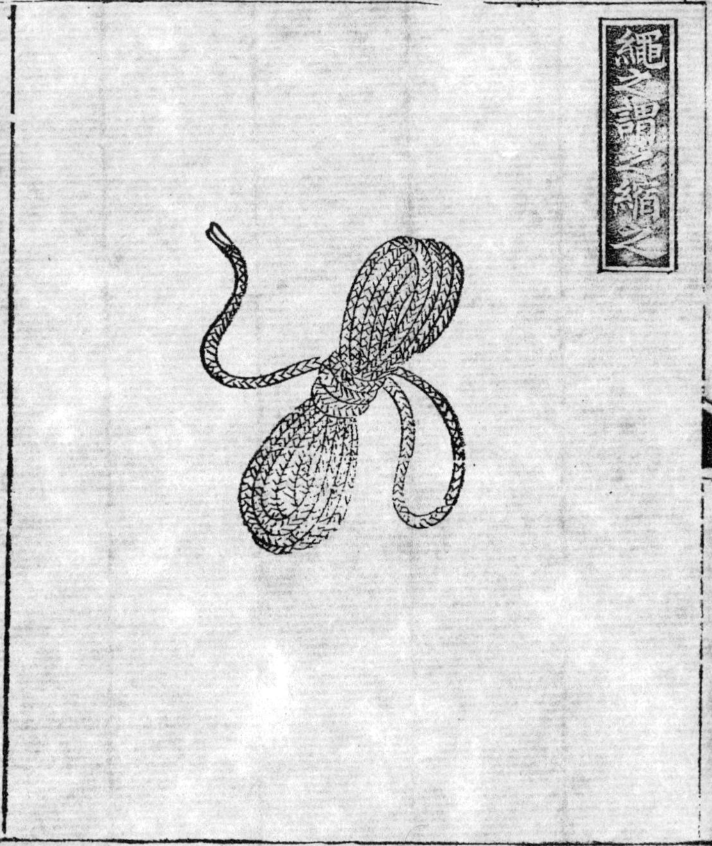
繩之謂之縮之

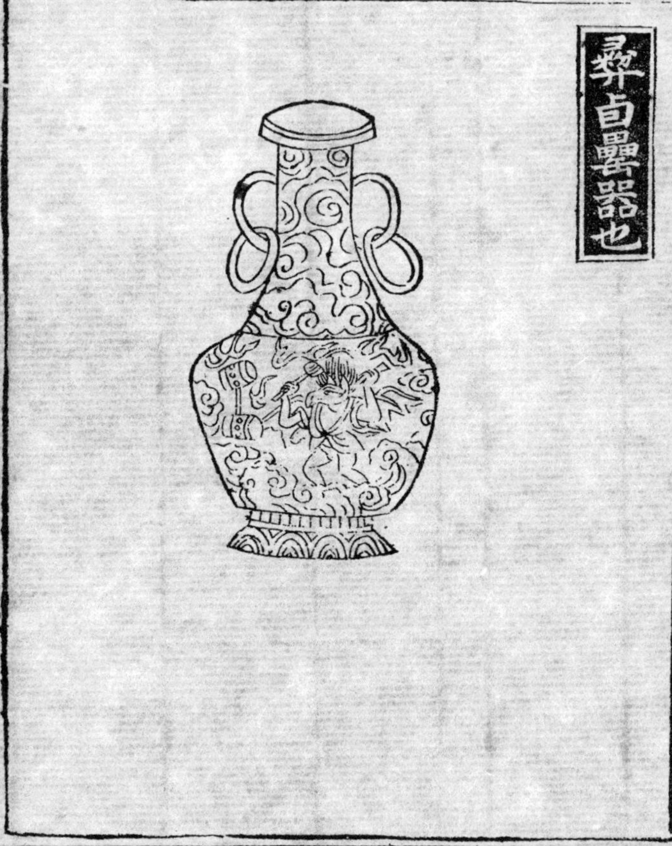
彝卣罍器也

大版謂之業

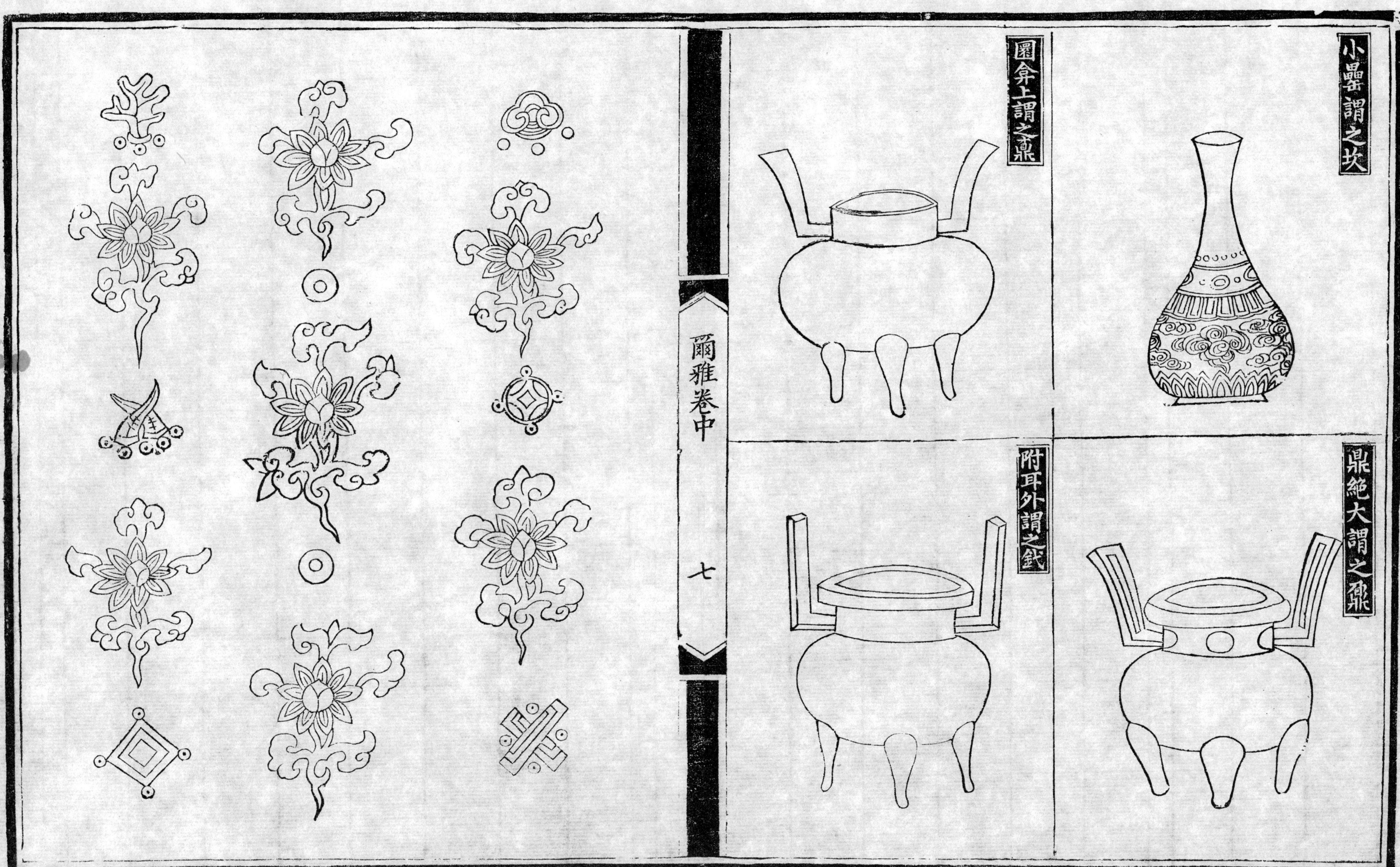

小罍謂之坎

圜弇上謂之鼒

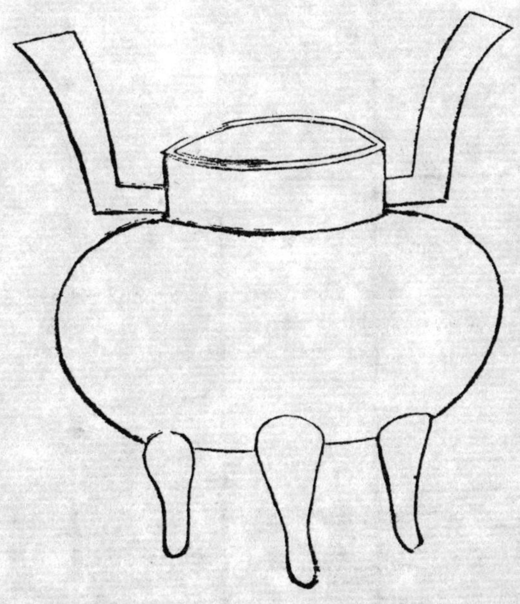

鼎絶大謂之鼐

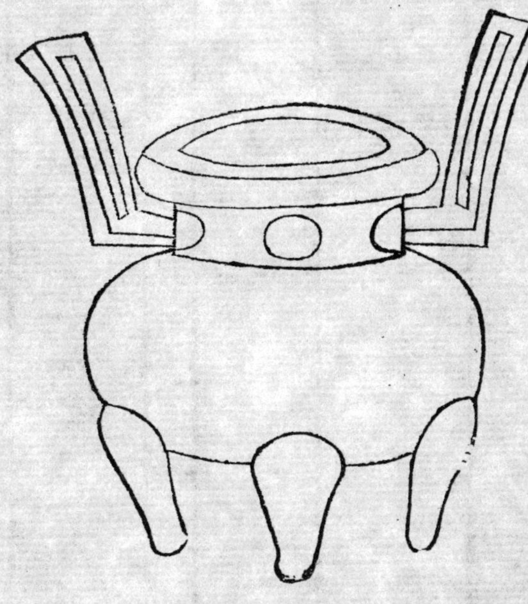

附耳外謂之釴

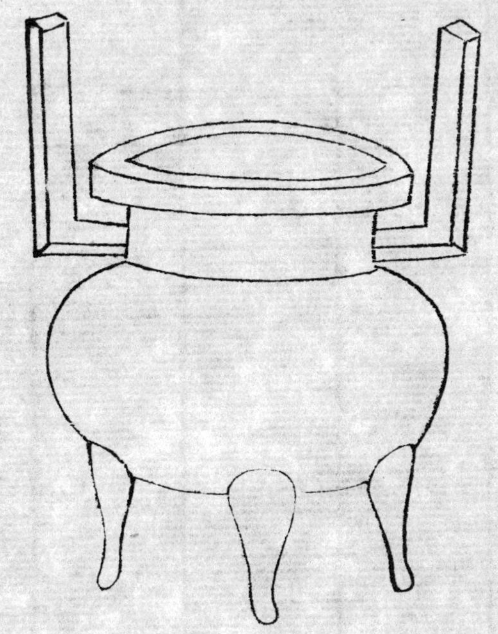

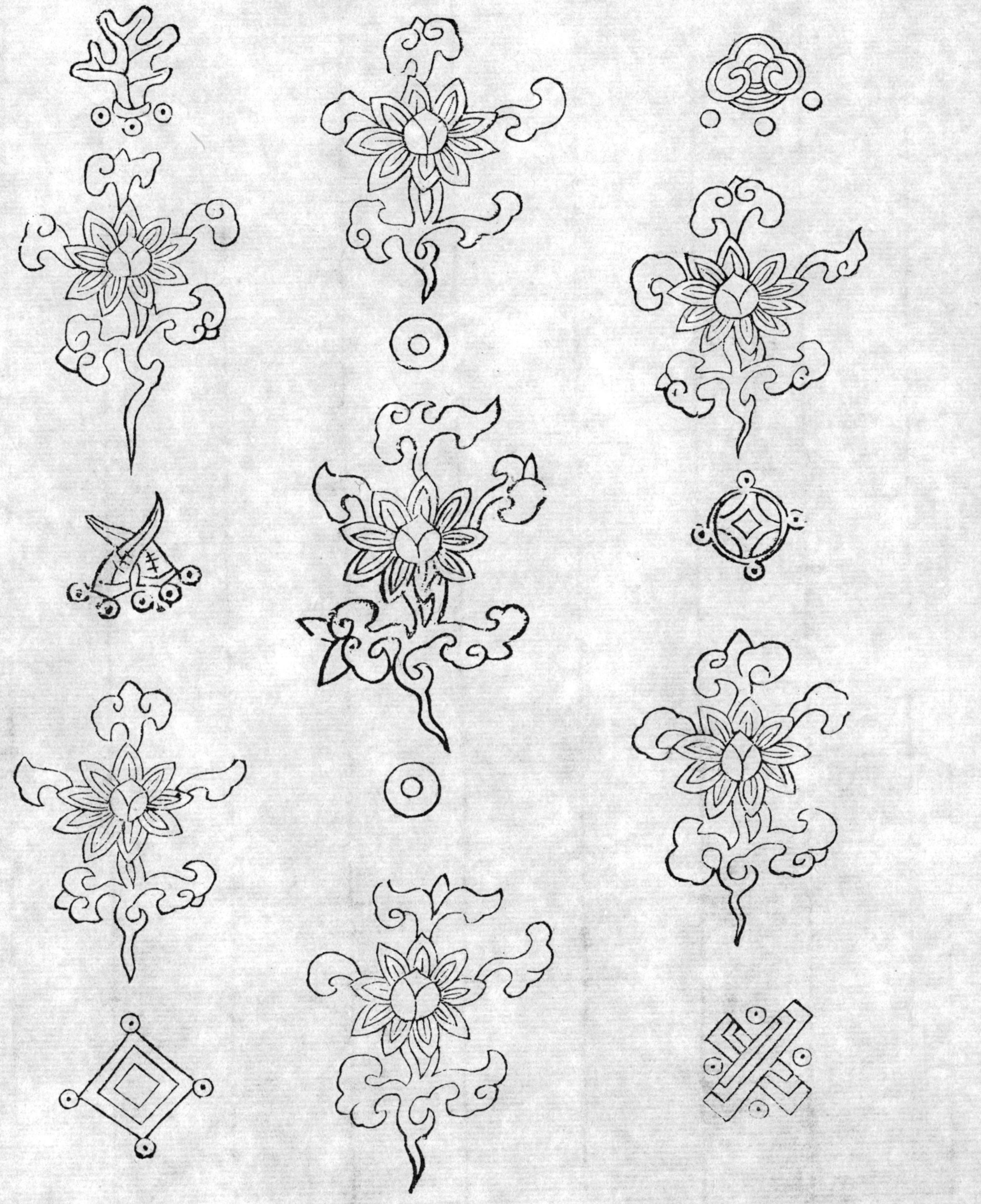

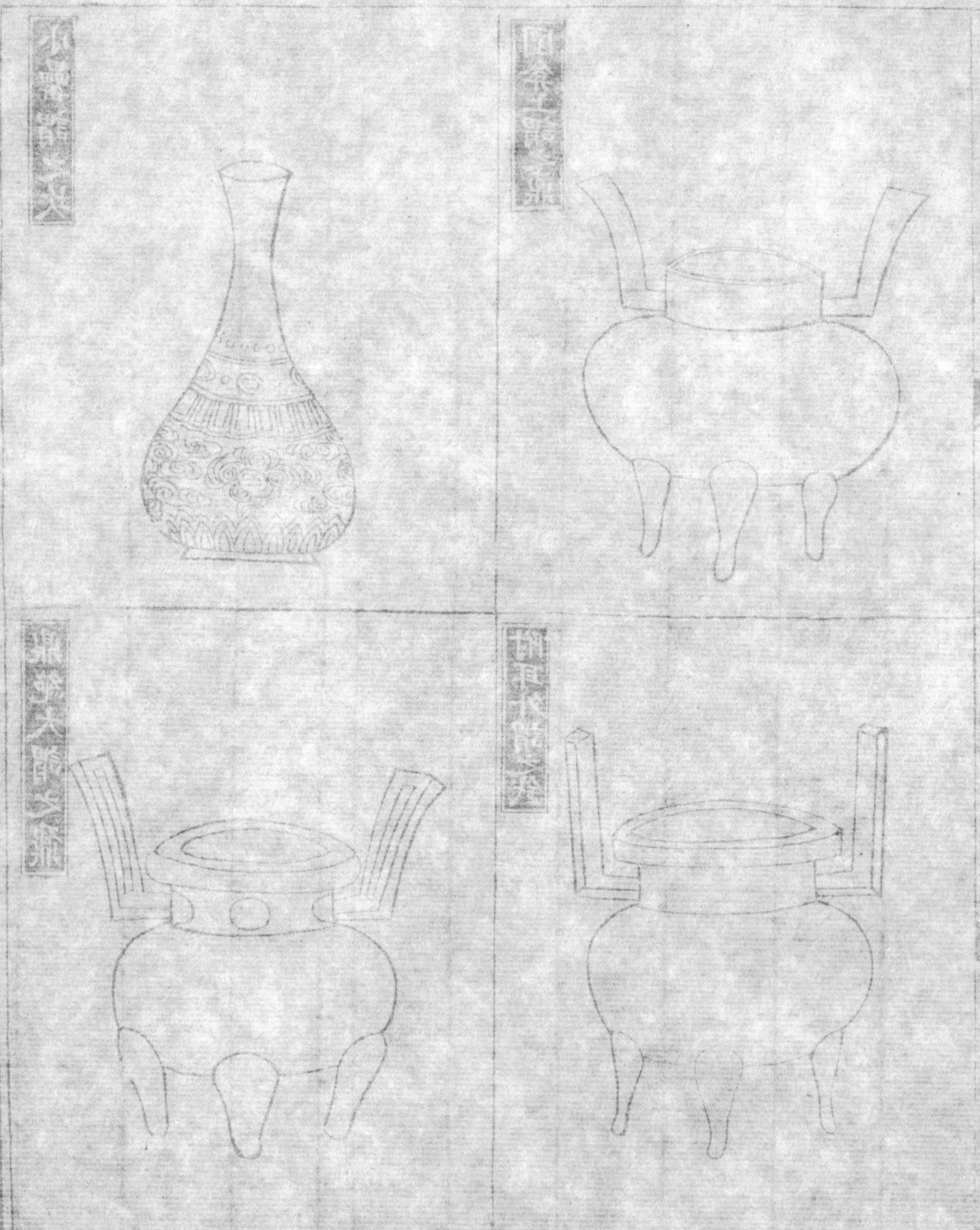

釋器第六

木豆謂之豆豆禮器也竹豆謂之籩籩亦禮器籩音邊瓦豆謂之
登即膏登也盎音怏謂之缶盆也缶音斧甌瓿音部謂之瓵瓵甊小罌長沙
謂之瓵瓵音移康瓠音胡謂之甈瓠壺也賈誼曰寶康瓠是也甈音契斪音劬斸音竹
謂之定鋤屬斫謂之鐯钁也鐯音著斛音鍬謂之疀皆古鍬鍤字疀音插
緵音宗罟謂之九罭音域九罭魚罔也今之百囊罟是亦謂之䍡今江東呼
為緵嫠音離婦之笱音狗謂之罶毛詩傳曰罶曲梁也謂以薄為魚笱罶音柳罺
音嘲謂之汕謂之撩罟汕音訕篧音卓謂之罩捕魚籠也槮音慘謂之涔
今之作槮者聚積柴木於水中魚得寒入其裏藏隱因以薄圍捕取之鳥罟謂之羅謂羅
絡之兔罟謂之罝罝猶遮也見詩罝音嗟麋罟謂之罞冒其頭也罞音茆
彘音滯罟謂之羉羉幕也羉音欒魚罟謂之罛最大罟也今江東云罛音孤
繴音壁謂之罿音衝罿罬音拙也罬謂之罦音孚罦覆車也今之
翻車也有兩轅中施罥以捕鳥展轉相解廣異語約音句謂之救救絲以為約或曰亦罥名
律謂之分律管可以分氣分音粉大版謂之業築牆版也繩之謂之
縮之縮者約束之詩曰縮版以載彝卣音由罍器也皆盛酒尊彝其總名小罍
謂之坎罍形似壺大者受一斛衣裗音流謂之祝衣縷也齊人謂之攣或曰袿衣
之飾祝音倪黼領謂之襮繡刺黼文以褗領襮音博緣謂之純衣緣飾也衸
音穴謂之褮衣開孔也褮音營衣眥謂之襟交領衱音劫謂之裾衣後
裾也衿謂之袸衣小帶袸音賤佩衿謂之褑佩玉之帶上屬褑音院執衽
音稔謂之袺持衣上衽袺音結扱音插衽謂之襭扱衣上衽於帶襭音歇衣
蔽前謂之襜今蔽膝也襜音占婦人之褘音韋謂之縭音离縭緌
音蕤也即今之香纓也褘邪交落帶繫於體因名為褘緌繫也裳削幅謂之纀削殺
其幅深衣之裳纀音卜輿革前謂之鞎以韋靶車軾鞎音痕後謂之笰以韋
靶後戶笰音弗竹前謂之禦以簟衣軾後謂之蔽以簟衣後戶環謂之

捐著車衆環捐音絹鑣音標謂之钀馬勒旁鐵钀音業載轡謂之轙車軛
上環轡所貫也轙音儀轡首謂之革轡靶勒見詩餀音亥謂之餯說物臭也
餯音惠食饐音意謂之餲飯饐臭見論語餲音隘摶者謂之糷飯相著糷
音輦米者謂之糪飯中有腥糪音拍肉謂之敗臭壞魚謂之餒肉爛
肉曰脫之剝其皮也今江東呼麋鹿之屬通為肉魚曰斮音卓之謂削鱗也冰
脂也莊子云肌膚若冰雪冰雪脂膏也肉謂之羹肉臛也廣雅曰湆見左傳魚謂
之鮨鮨鮓屬也見公食大夫禮鮨音祁肉謂之醢肉醬醢音海有骨者謂
之臡雜骨醬見周禮臡音泥康謂之蠱米皮澱謂之垽滓澱也今江東呼垽
垽音印鼎絕大謂之鼐最大者鼐音耐圜音袁弇上謂之鼒鼎斂上而
小口鼒音咨附耳外謂之釴鼎耳在表釴音亦款音款足者謂之鬲
鼎曲脚也鬲音力䰝音淨謂之鬵詩曰溉之釜鬵鬵音尋鬵鉹音侈也凉州呼鉹
璲音遂瑞也詩曰鞙鞙佩璲璲者玉瑞玉十謂之區雙玉曰瑴五瑴為區羽本

謂之翮鳥羽根也翮音黑一羽謂之箴十羽謂之縳音篆百羽
謂之緷別羽數多少之名緷音袞木謂之虡縣鍾磬之木植者名虡虡音巨旄謂
之藣旄牛尾也藣音畢菜謂之蔌蔌者菜茹之總名見詩蔌音速白蓋音合謂
之苫白茅苫也今江東呼為蓋黃金謂之璗音蕩其美者謂之鏐音留
白金謂之銀其美者謂之鐐此皆道金銀之別名及精者鏐即紫磨金鐐音
遼鉼音餅金謂之鈑周禮曰祭五帝即共金鈑是也鈑音板錫謂之鈏白鑞
鈏音引象謂之鵠音斛角謂之觷音岳犀謂之剒音錯木謂之
剫音鐸玉謂之雕左傳曰山有木工則剫之五者皆治樸之名金謂之鏤木
謂之刻骨謂之切象謂之磋玉謂之琢石謂之磨六者
皆治器之名璆音留琳玉也璆琳美玉名簡謂之畢今簡札也不律謂
之筆蜀人呼筆為不律也語之變轉滅謂之點以筆滅字為點絕澤謂之銑
銑即美金言最有光澤也國語曰玦之以金銑者謂此也金鏃音族翦羽謂之鍭今之

鉀箭是也鏃音候骨鏃不翦羽謂之志今之骨骲是也弓有緣者謂
之弓緣者繳纏之即今宛轉也無緣者謂之弭今之角弓也左傳曰左執鞭弭弭音
尾以金者謂之銑音跣以蜃者謂之珧蜃音腎珧音姚以玉者謂
之珪用金蚌玉飾弓兩頭因取其類以為名珧小蚌珪大尺二寸謂之玠詩曰
錫爾玠珪璋大八寸謂之琡璋半珪也琡音俶璧大六寸謂之宣
漢書所云瑄玉是也肉倍好謂之璧肉邊好孔好倍肉謂之瑗孔大
而邊小瑗音院肉好若一謂之環孔邊適等繸綬也即佩玉之組所以連繫瑞
玉者因通謂之繸一染謂之縓今之紅也縓音茜再染謂之赬淺赤赬音
稱三染謂之纁纁絳也纁音勳青謂之蔥淺青黑謂之黝黝黑貌周
禮曰陰祀用黝牲禮黝音悠斧謂之黼黼文畫斧形因名云邸音氏謂之柢根柢
皆物之邸邸即底通語也柢音弟雕謂之琢治玉名也蓐音辱謂之茲公羊傳曰
屬負茲茲者蓐席也竿謂之箷衣架箷音移簀謂之笫牀版笫音止革中
絕謂之辨中斷皮也辨音片革中辨謂之韏復分半也韏音眷鏤鋑
音搜也刻鏤物為鋑卣音酉中尊也不大不小者

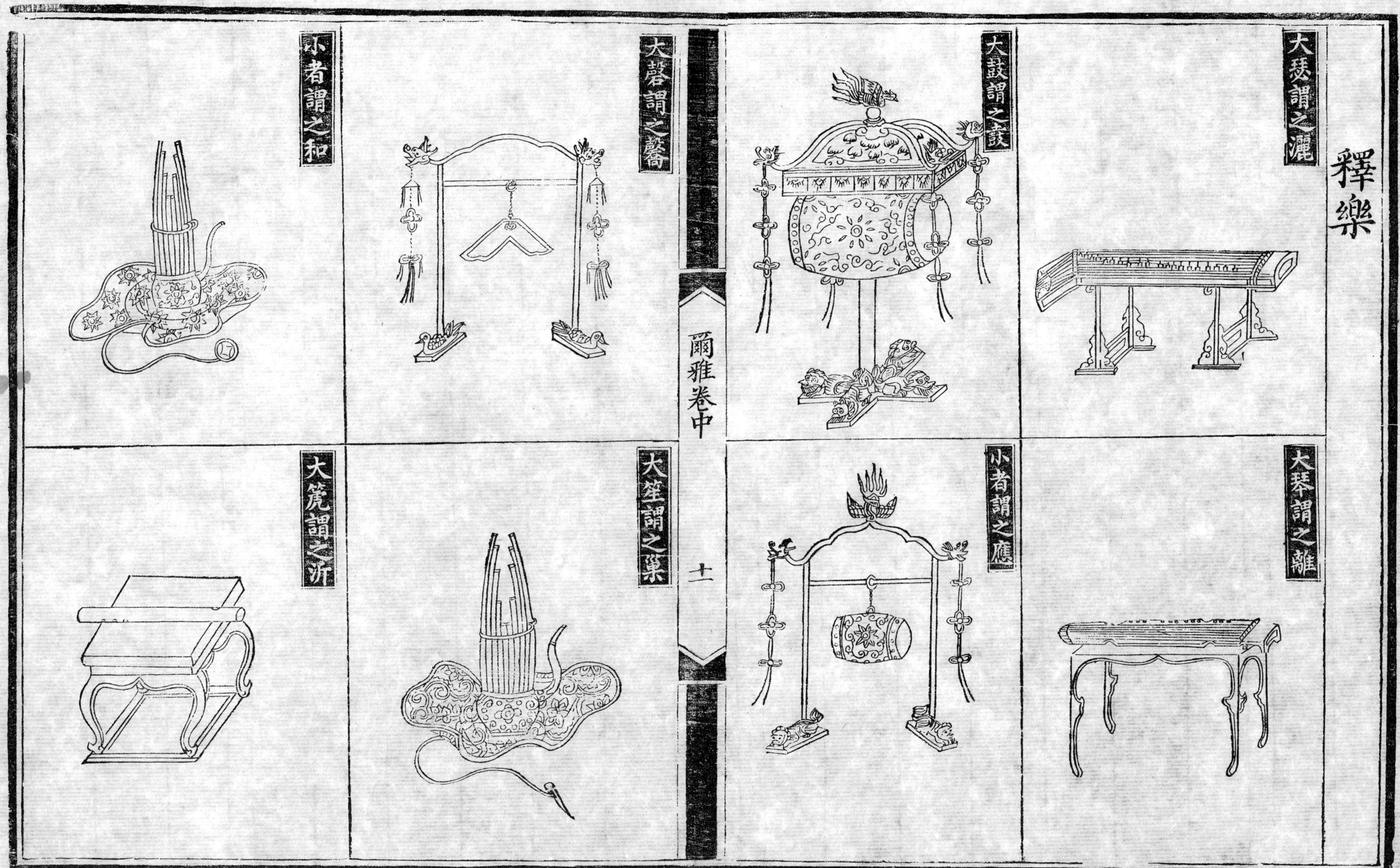

釋樂

大瑟謂之灑

大琴謂之離

大鼓謂之鼖

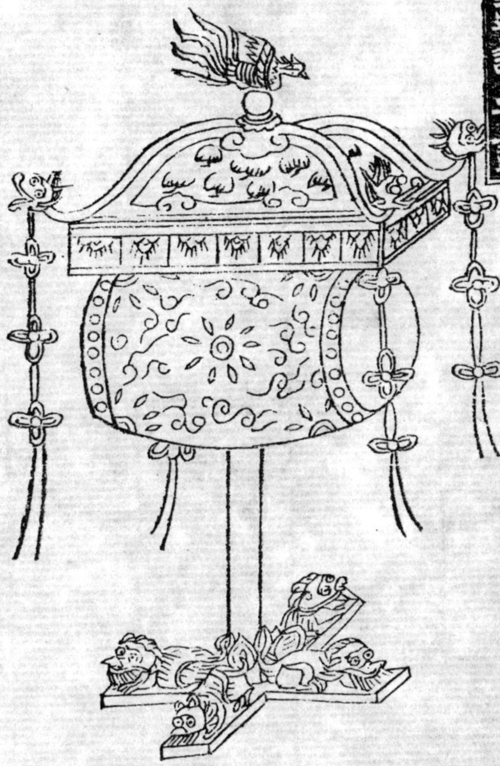

小者謂之應

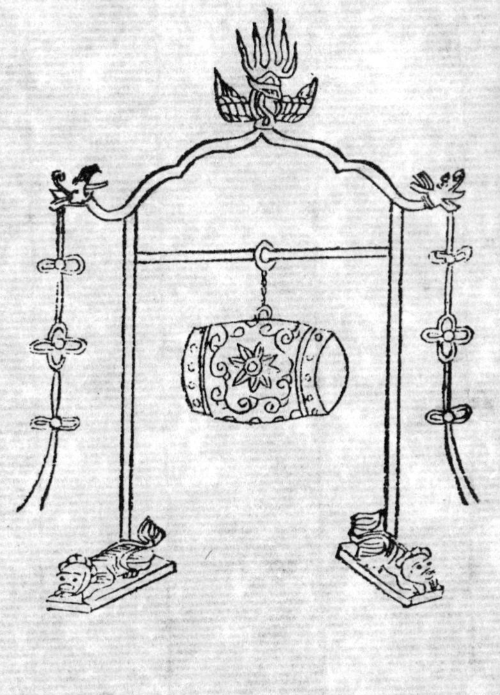

大磬謂之毊

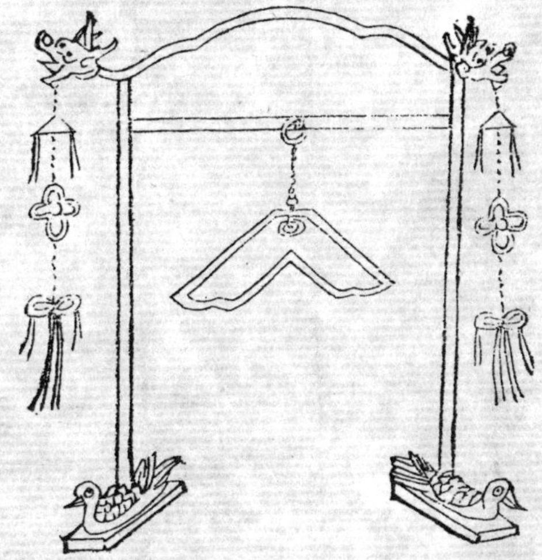

大笙謂之巢

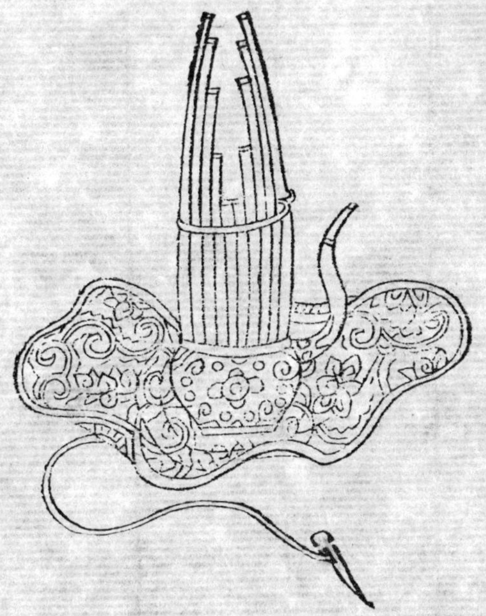

小者謂之和

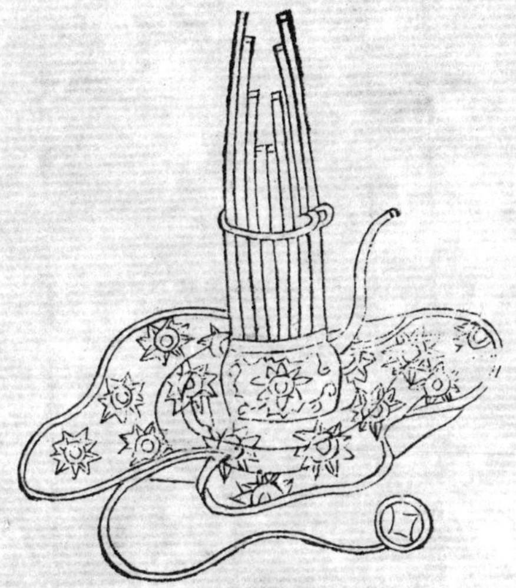

大篪謂之沂

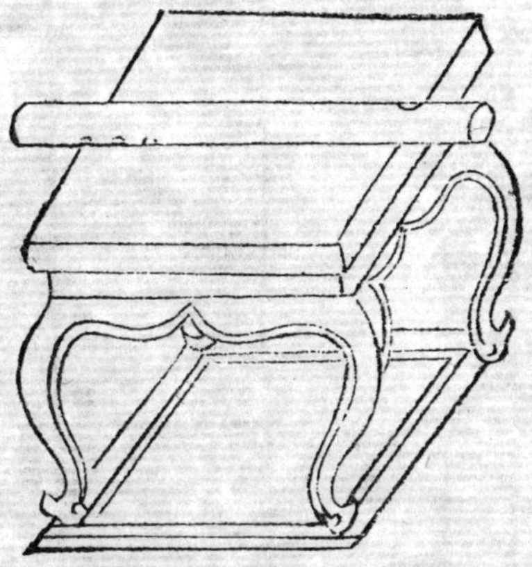

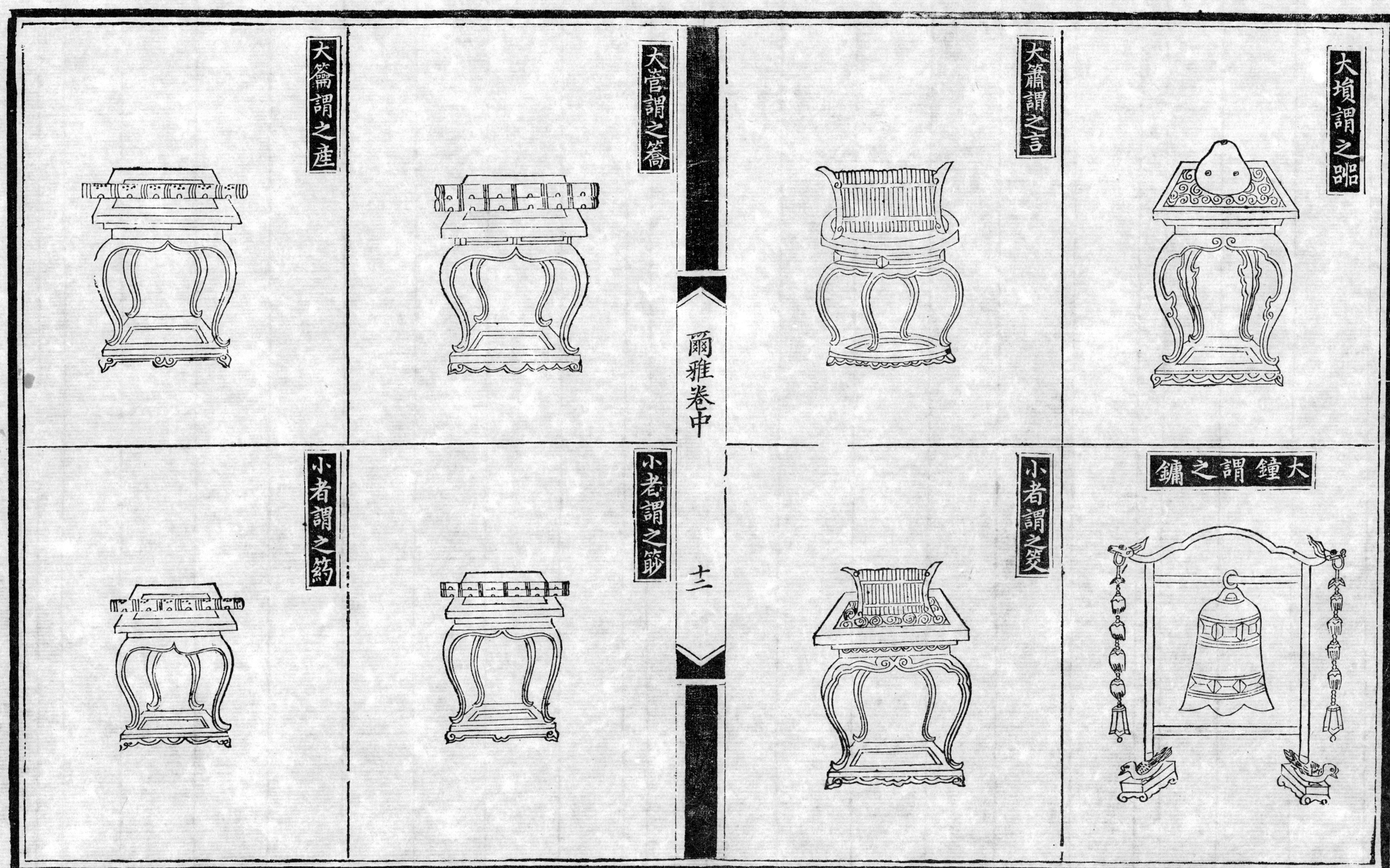

大塤謂之嘂

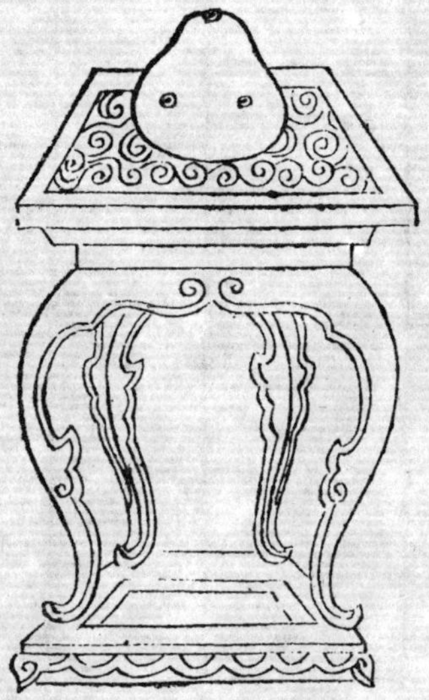

大鐘謂之鏞

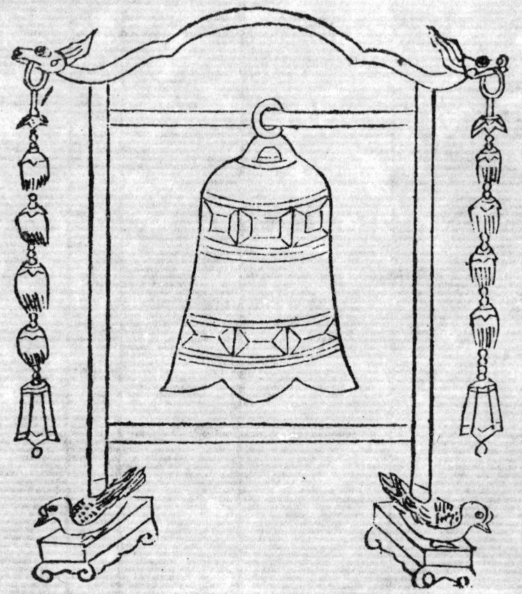

大簫謂之言

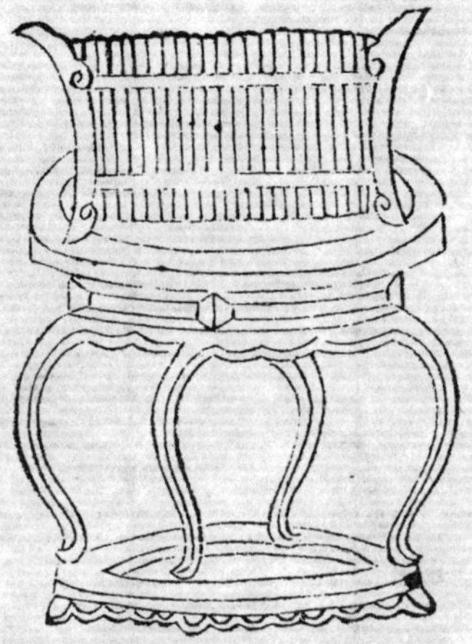

小者謂之筊

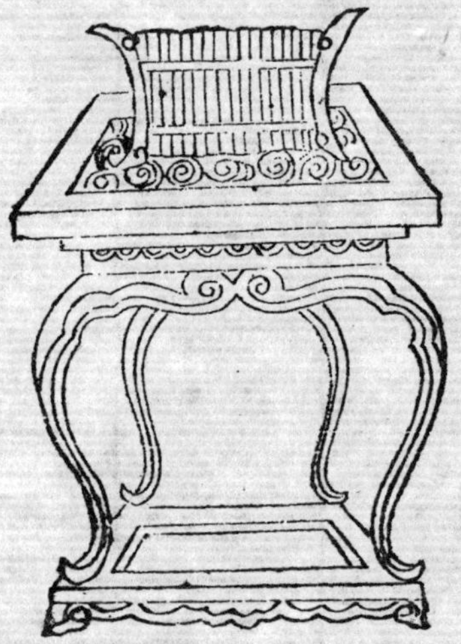

大管謂之簥

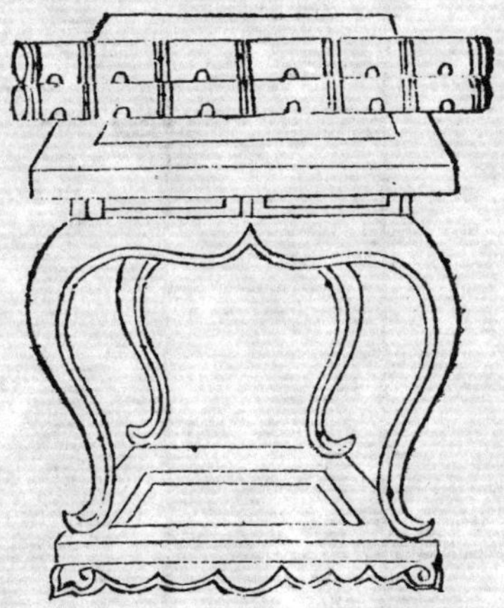

小者謂之篎

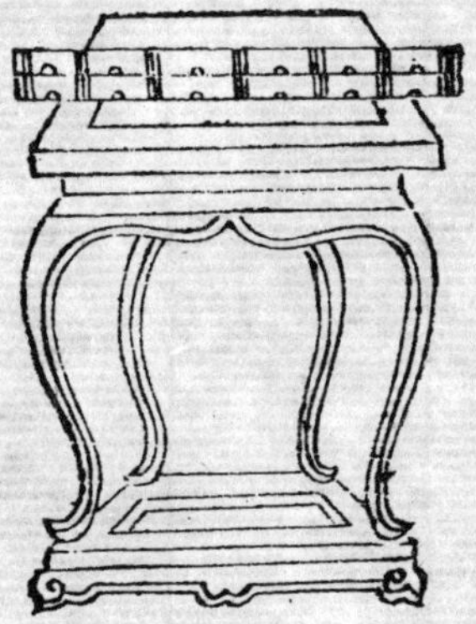

大籥謂之産

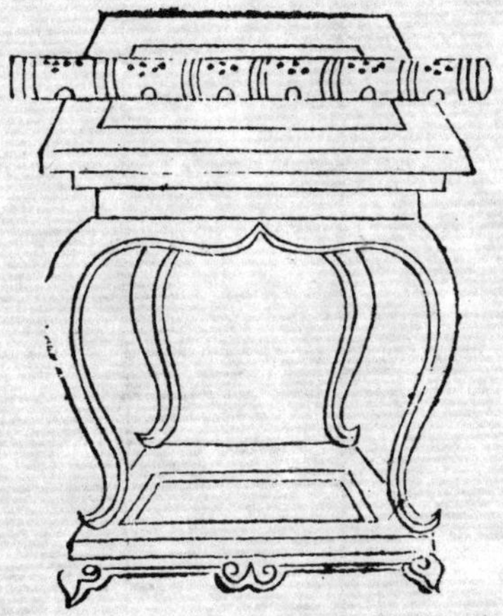

小者謂之箹

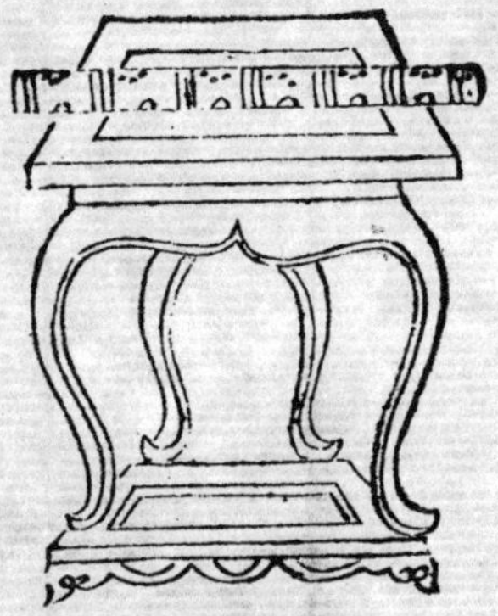

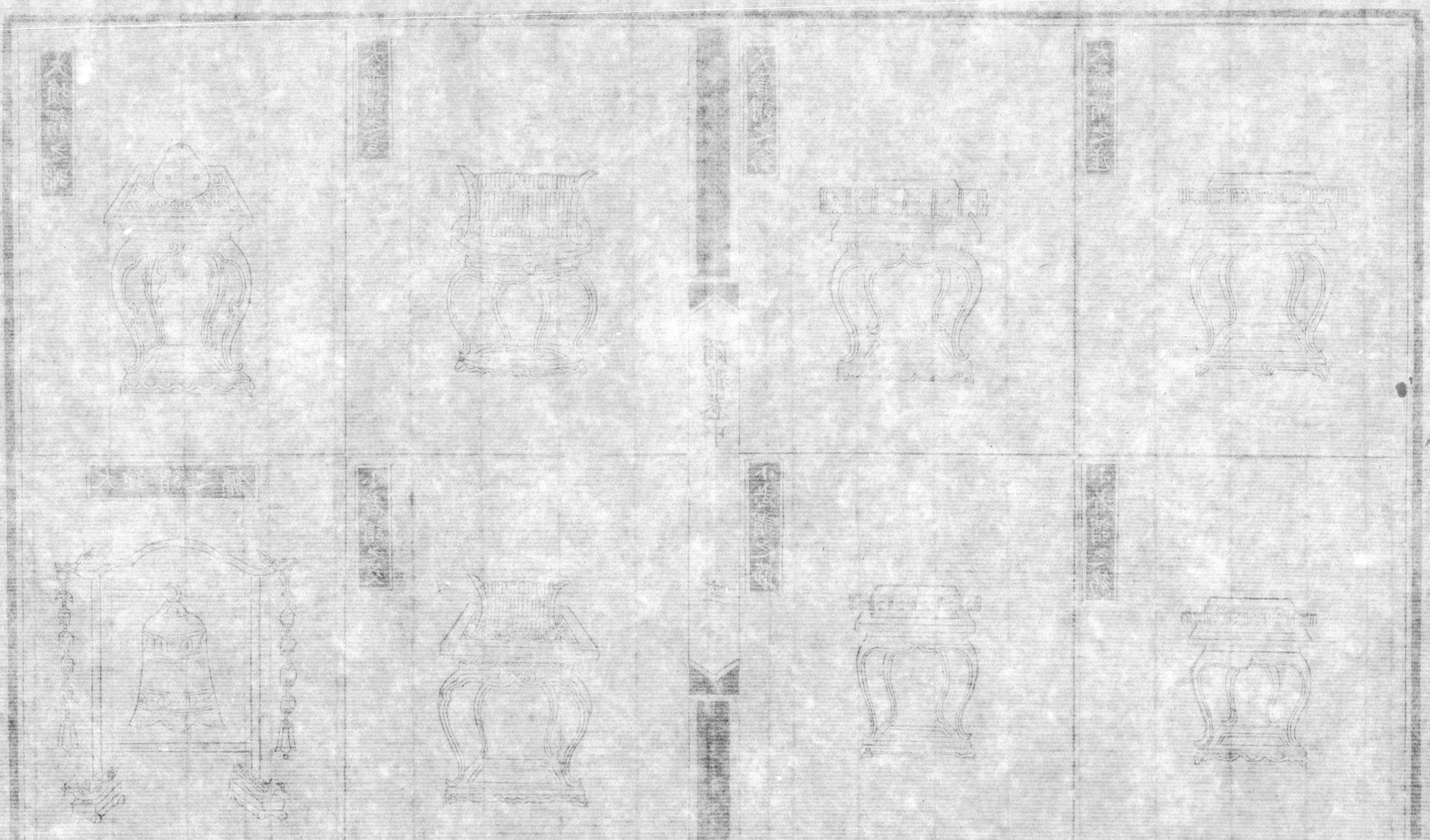

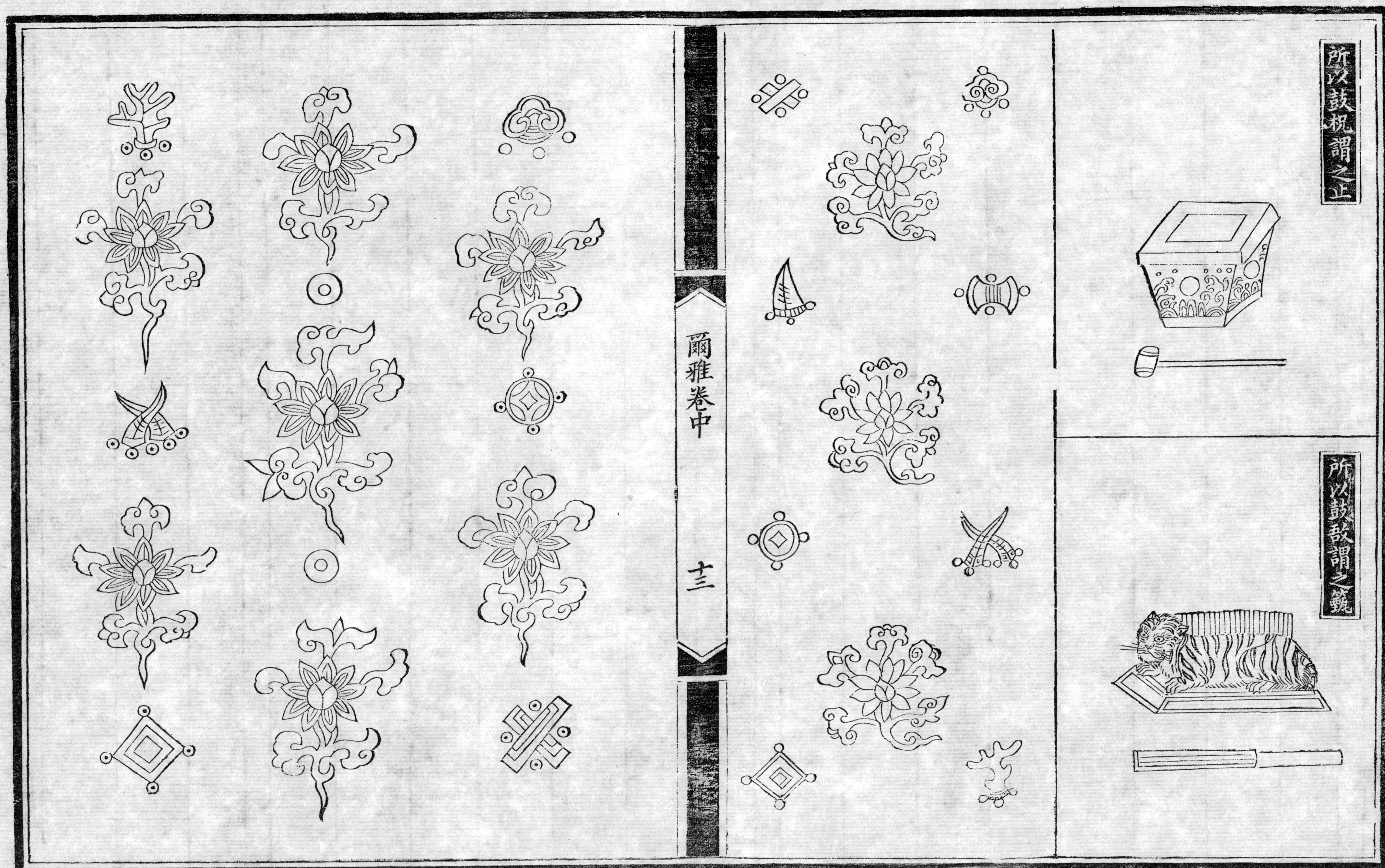

所以鼓柷謂之止

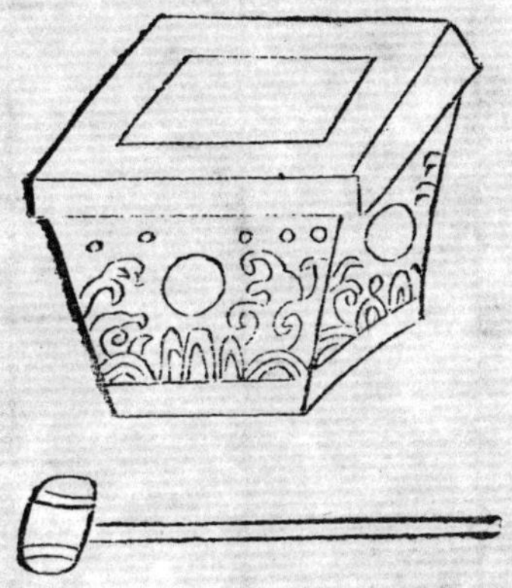

所以鼓敔謂之籈

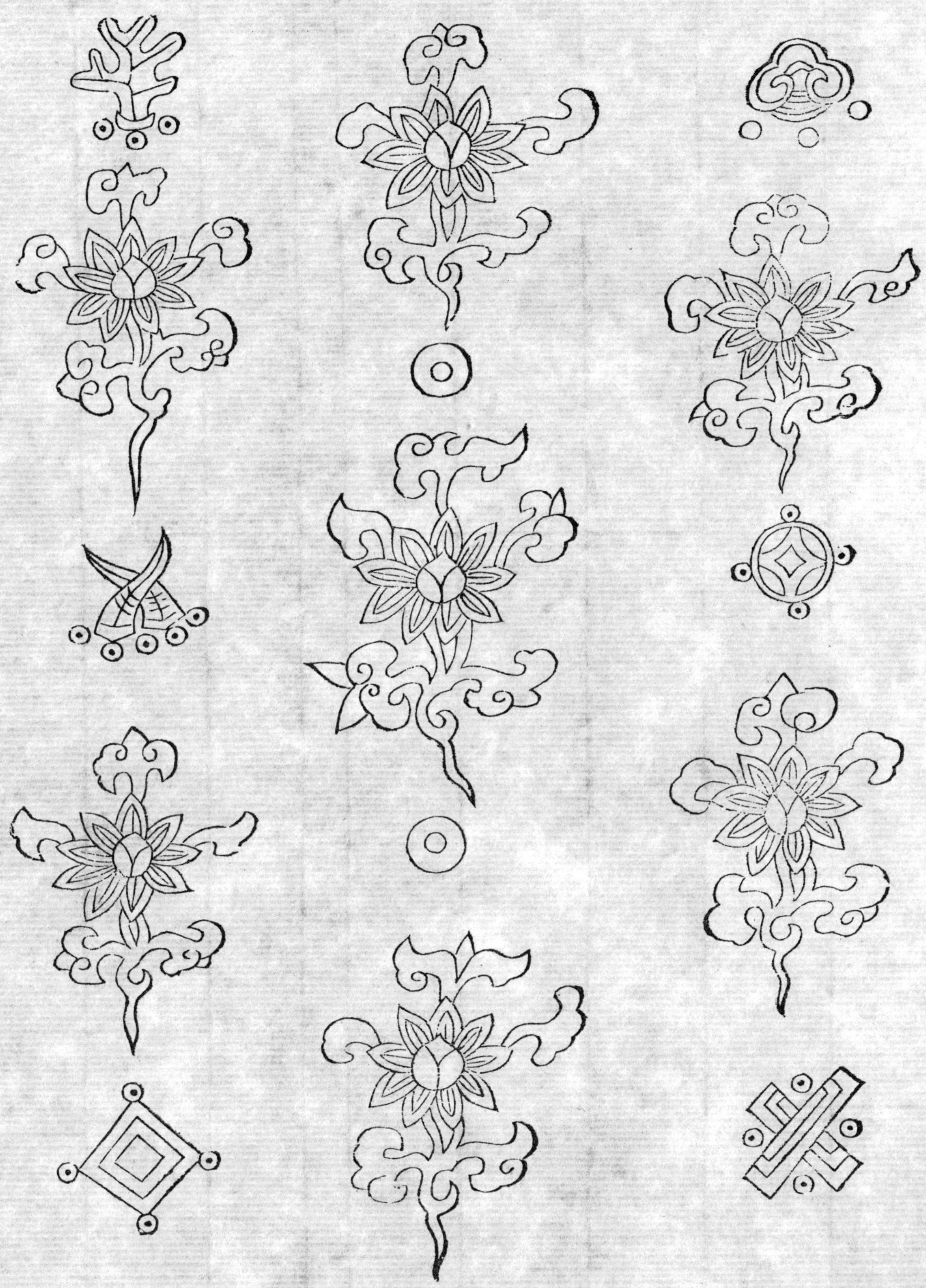

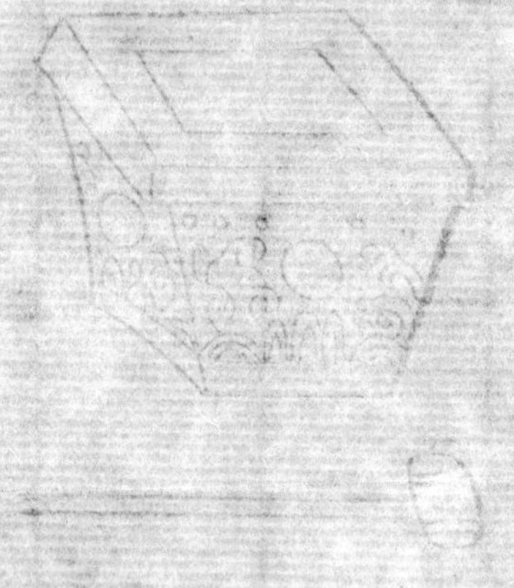

圖非本

三

釋樂第七

宮謂之重商謂之敏角謂之經徵音止謂之迭羽謂之
柳皆五音之別名其義未詳大瑟謂之灑長八尺一寸廣一尺八寸二十七絃灑音篩上
聲大琴謂之離或曰琴大者二十七絃未詳長短廣雅曰琴長三尺六寸六分五絃大
鼓謂之鼖鼖長八尺鼖音墳小者謂之應詩曰應朄縣鼓在大鼓側應音膺
大磬謂之毊毊形似犂錧以玉石為之毊音喬大笙謂之巢列管瓠中施簧
管端大者十九簧小者謂之和十三簧者鄉射記曰三笙一和而成聲大篪音池
謂之沂篪以竹為之長尺四寸圍三寸一孔上出一寸三分名翹橫吹之小者尺二寸廣雅云八
孔沂音銀大塤謂之嘂塤燒土為之大如鵝子銳上平底形如稱錘六孔小者如雞子嘂音
則大鐘謂之鏞書曰笙鏞以閒亦名鎛音博其中謂之剽音瓢小者
謂之棧音盞大簫謂之言編二十三管長尺四寸小者謂之筊十六
管長尺二寸簫一名籟筊音交大管謂之簥管長尺圍寸併漆之有底賈氏以為如篪六孔

簥音矯其中謂之篞音聶小者謂之篎音妙大籥音藥謂之產
籥如笛三孔而短小廣雅云七孔其中謂之仲小者謂之箹音約徒鼓
瑟謂之步獨作之徒吹音炊謂之和音賀徒歌謂之謠詩云我歌
且謠徒擊鼓謂之咢詩云或歌或咢咢音鄂徒鼓鐘謂之修徒鼓
磬謂之寋未見義所出寋音蹇所以鼓柷音祝謂之止柷如漆桶方二尺四
寸深一尺八寸中有椎柄連底挏之令左右擊止者其椎名所以鼓敔音語謂之籈
敔如伏虎背上有二十七鉏鋙刻以木長尺櫟之籈者其名籈音真大鼗音挑謂之麻小
者謂之料麻者音概而長也料者聲清而不亂料音聊和樂謂之節

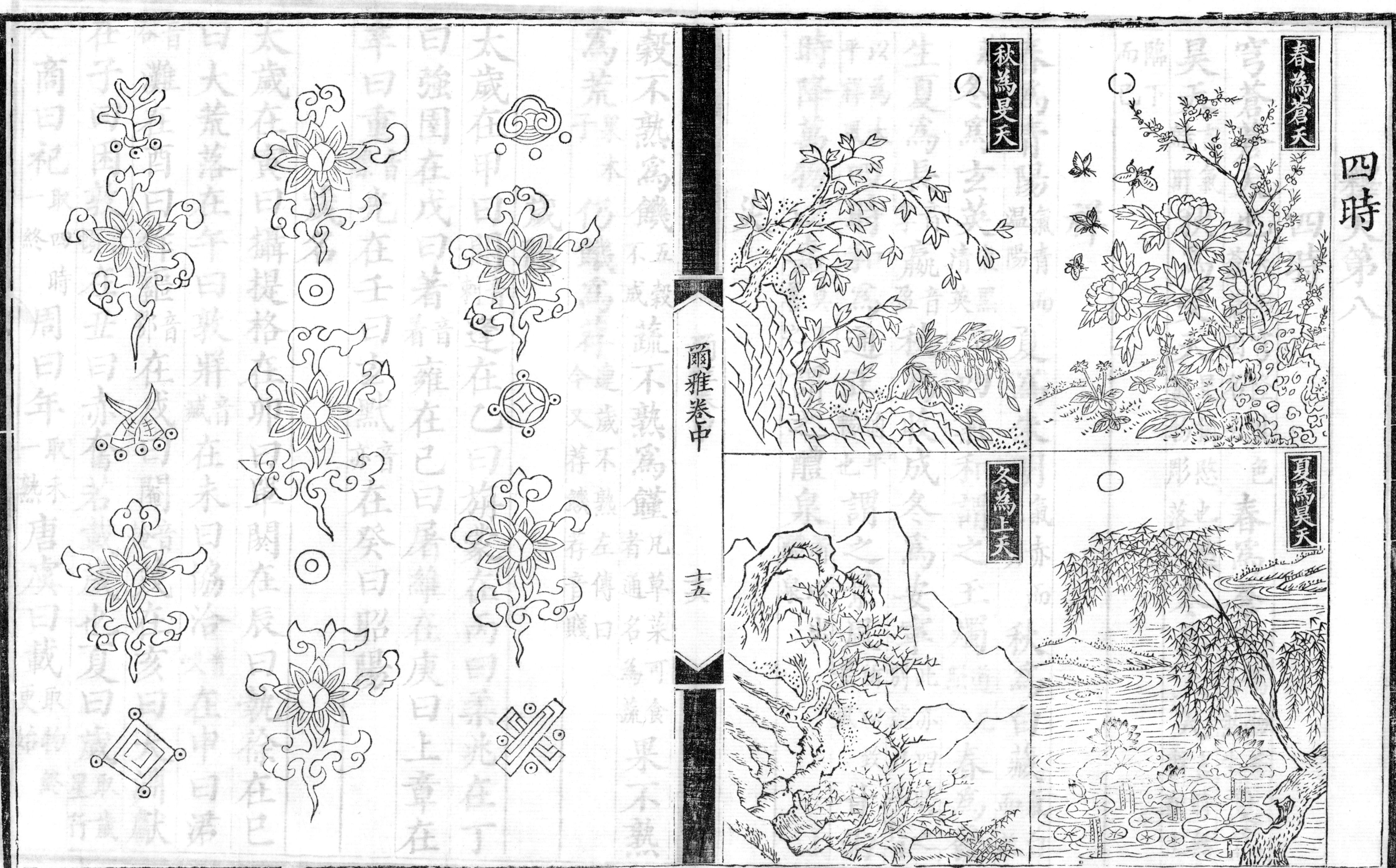

四時

釋天第八

四時

穹蒼，蒼天也。（天形穹隆其色蒼蒼因名云）春為蒼天（萬物蒼蒼然生）夏為昊天（言氣皓旰）秋為旻天（旻猶愍也愍萬物彫落）冬為上天（言時無事在上臨下而已）

四時

祥

春為青陽（氣清而溫陽）夏為朱明（氣赤而光明）秋為白藏（氣白而收藏）冬為玄英（氣黑而清英）四氣和謂之玉燭（道光照）春為發生，夏為長嬴（音盈），秋為收成，冬為安寧。（此亦四時之別號尸子皆以為太平祥風）四時和為通正，謂之景風（所以致景風）。甘雨時降，萬物以嘉，謂之醴泉（所以出醴泉）。

災

穀不熟為饑（五穀不成）蔬不熟為饉（凡草菜可食者通名為蔬）果不熟為荒（果木子）仍饑為薦（連歲不熟左傳曰今又薦饑）

歲陽

太歲在甲曰閼逢（音遏），在乙曰旃蒙，在丙曰柔兆，在丁曰強圉，在戊曰著雍（音儲），在己曰屠維，在庚曰上章，在辛曰重光（音重），在壬曰玄黓（音亦），在癸曰昭陽。

歲名

太歲在寅曰攝提格，在卯曰單閼，在辰曰執徐，在巳曰大荒落，在午曰敦牂，在未曰協洽，在申曰涒灘（音湯），在酉曰作噩（音鄂），在戌曰閹茂（音淹），在亥曰大淵獻，在子曰困敦（音頓），在丑曰赤奮若。載，歲也。夏曰歲（取歲星行一次），商曰祀（取四時一終），周曰年（取禾一熟），唐虞曰載（取物終更始）。

月陽

月在甲曰畢在乙曰橘在丙曰修在丁曰圉在戊曰厲在巳曰則在庚曰窒音執在辛曰塞在壬曰終在癸曰極

月名

正月爲陬離騷云攝提貞於孟陬陬音鄒二月爲如三月爲寎音柄四月爲余五月爲皐六月爲且音覰七月爲相音象八月爲壯九月爲玄國語云至於玄月是也十月爲陽純陰用事兼於無陽故以名云十一月爲辜十二月爲涂皆月之別名自歲陽至此其事義皆所未詳通者故闕而不論

風雨

南風謂之凱音鎧風詩曰凱風自南東風謂之谷風詩曰習習谷風北風謂之涼風詩曰北風其涼西風謂之泰風詩云泰風有隧焚輪謂之穨暴風從上下穨音頹扶搖謂之猋暴風從下上猋音摽風與火爲庉庉庉熾盛之皃庉音頓迴風爲飄旋風也日出而風爲暴詩云終風且暴風而雨音芋土爲霾詩曰終風且霾霾音埋陰而風爲曀詩曰終風且曀曀音意天氣下地不應曰雺言蒙昧雺音蒙地氣發天不應曰霧霧謂之晦言晦冥螮音帝蝀謂之雩螮蝀音董虹也俗名爲美人江東呼雩音芋蜺爲挈音怯貳蜺雌虹也見離騷挈貳其別名見尸子弇音掩日爲蔽雲即暈氣五彩覆日也疾雷爲霆音廷霓雷之急激者謂霹靂霓音倪雨霓音線爲霄雪詩曰如彼雨雪先集維霓霓水雪雜下者故謂之消雪暴雨謂之涷今江東呼夏月暴雨爲涷雨離騷云今飄風兮先驅使涷雨兮灑塵是也涷音東西之東小雨謂之霡音麥霂詩曰益之以霡霂霂音木久雨謂之淫左傳曰天作淫雨淫謂之霖雨自三日已上爲霖霖音霖濟謂之霽今南陽人呼雨止爲霽霽音薺

星名

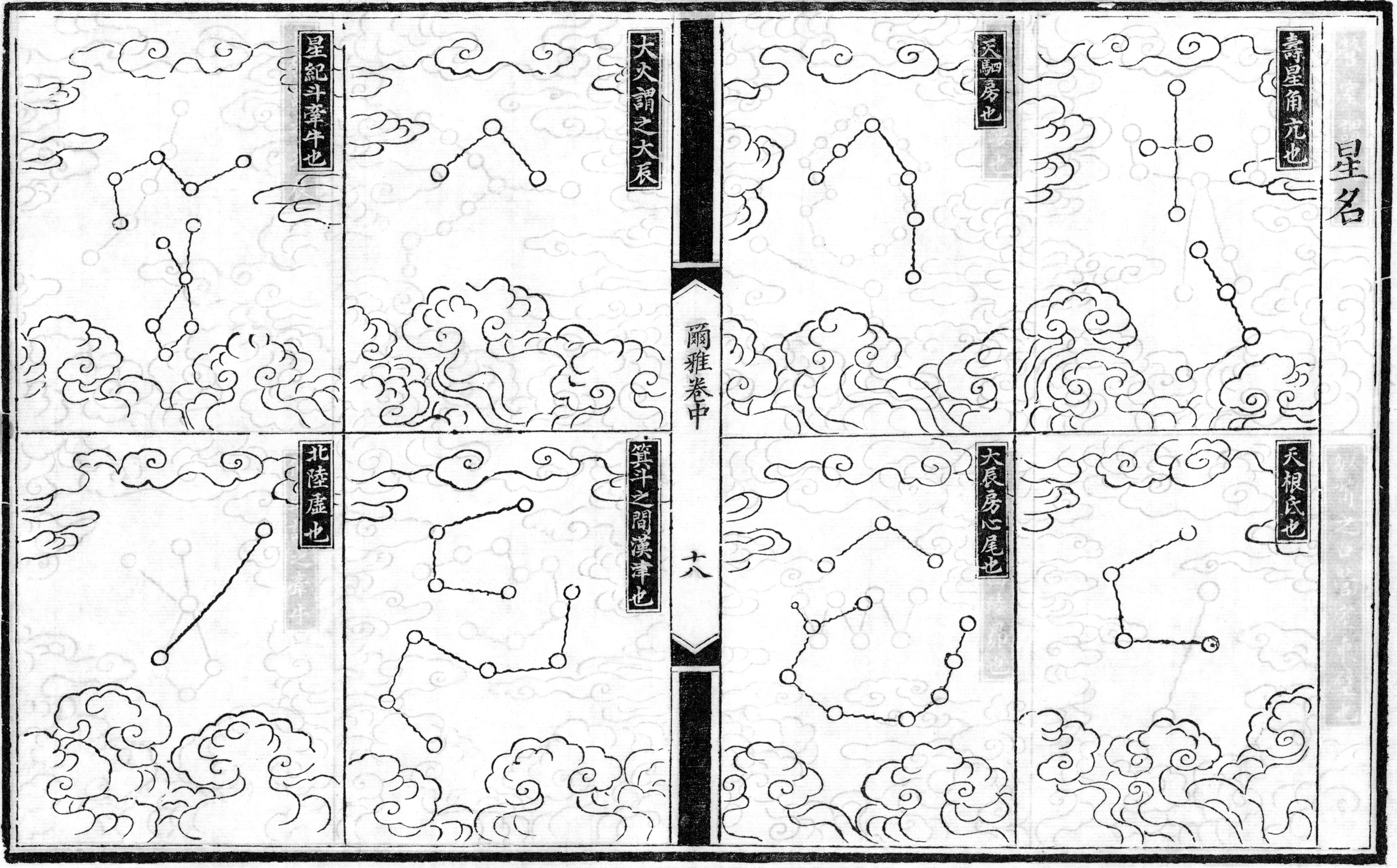

壽星角亢也
天駟房也
天根氐也
大辰房心尾也
大火謂之大辰
星紀斗牽牛也
箕斗之間漢津也
北陸虛也

明星謂之启明
奔星為彴約
彗星為欃槍

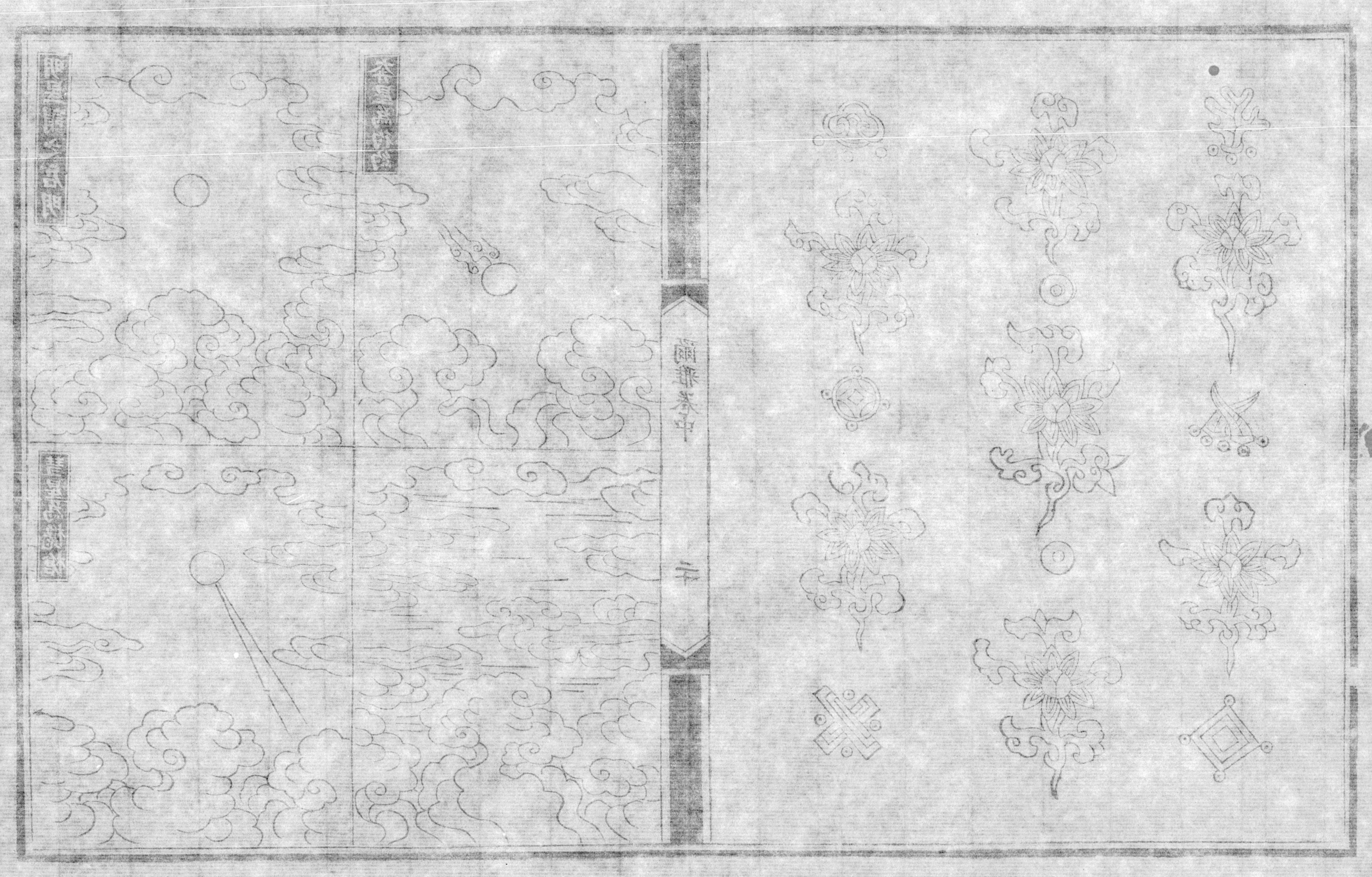

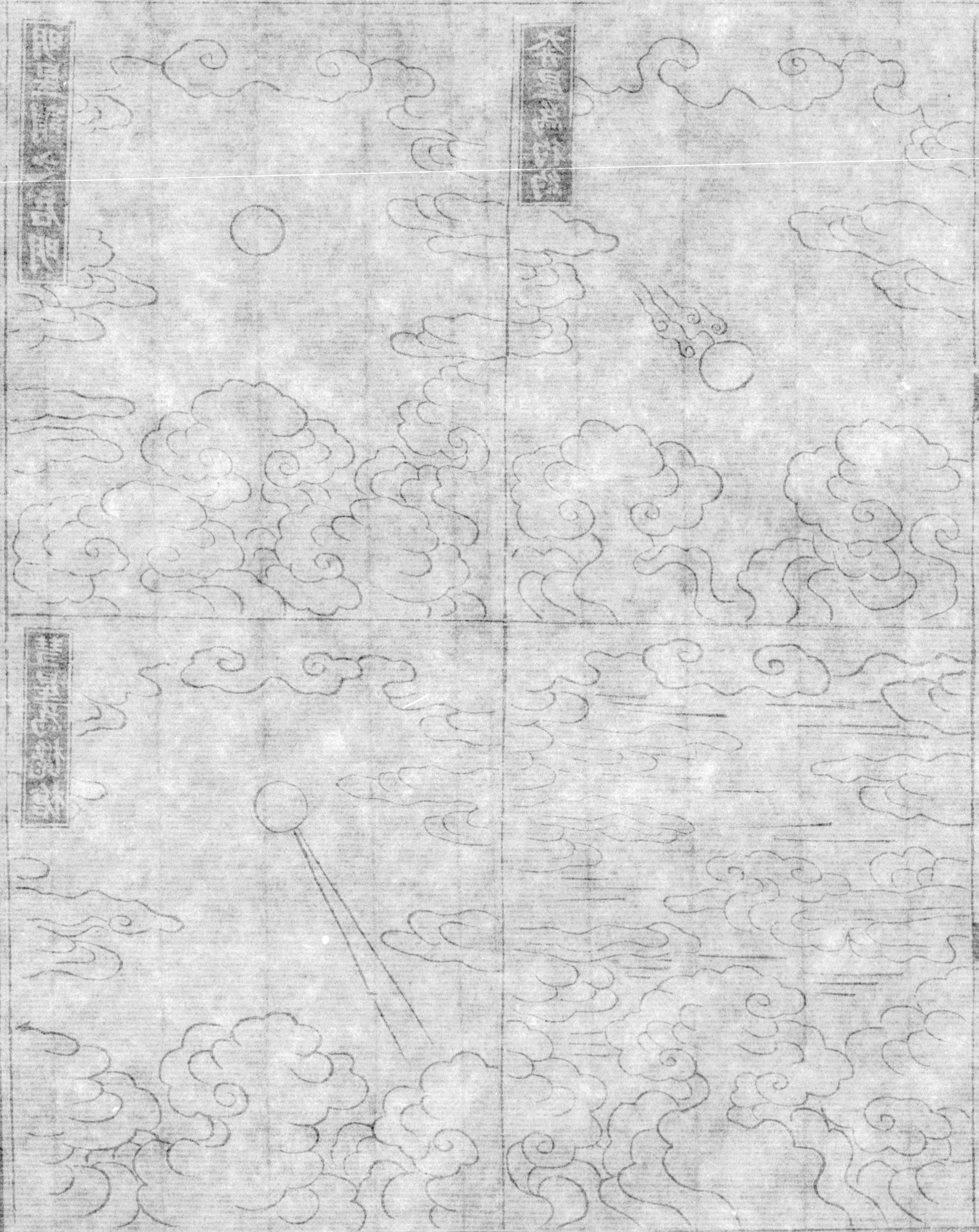

星名

壽星角亢音剛也數起角亢列宿之長故曰壽天根氐音低也角亢下繫於氐若木之有根天駟房也龍為天馬故房四星謂之天駟大辰房心尾也龍星明者以為時候故曰大辰大火謂之大辰大火心也在中最明故時候主焉析音惜木謂之津即漢津也箕斗之間漢津也箕龍尾斗南斗天漢之津梁星紀斗牽牛也牽牛斗者日月五星之所終始故謂之星紀玄枵音囂虛也虛在正北北方色黑枵之言耗耗亦虛意顓音專頊音旭之虛虛音噓虛也顓頊水德位在北方北陸虛也虛星之名凡四營室謂之定定正也作宮室皆以營室中為正娵音疽觜音咨之口營室東壁也營室東壁星四方似口因名云降音夅婁奎婁也奎為溝瀆故名降大梁昴也西陸昴也昴西方之宿別名旄頭濁謂之畢掩兔之畢或呼為濁因星形以名咮音咒謂之柳咮朱鳥之名柳鶉火也鶉鳥名火屬南方北極謂之北辰北極天之中以正四時何鼓謂之牽牛今荊楚人呼牽牛星為檐鼓檐者荷也明星謂之启音啓明太白星也晨見東方為启明昏見西方為太白彗星為欃音讒槍謂之孛言其形孛似埽彗槍音鎗奔星為彴音勺約流星

祭名

春祭曰祠祠之言食夏祭曰礿薪菜可汋秋祭曰嘗嘗新穀冬祭曰蒸進品物也祭天曰燔音煩柴既祭集薪燒之祭地曰瘞薶既祭埋藏祭山曰庪音機縣或機或縣置之於山山海經曰縣以吉玉是也縣音玄祭川曰浮沈投祭水中或浮或沈祭星曰布布散祭於地祭風曰磔今俗當大道中磔狗云以止風此其象磔音責是禷音類是禡音罵師祭也師出征伐類於上帝禡於所征之地既伯既禱馬祭也伯祭馬祖也將用馬力必先祭其先禘音帝大祭也五年一大祭繹又祭也祭之明日尋繹復祭周曰繹春秋經曰壬午猶繹商曰肜書曰高宗肜日肜音容夏曰復胙未見義所出胙音昨

講武

講武

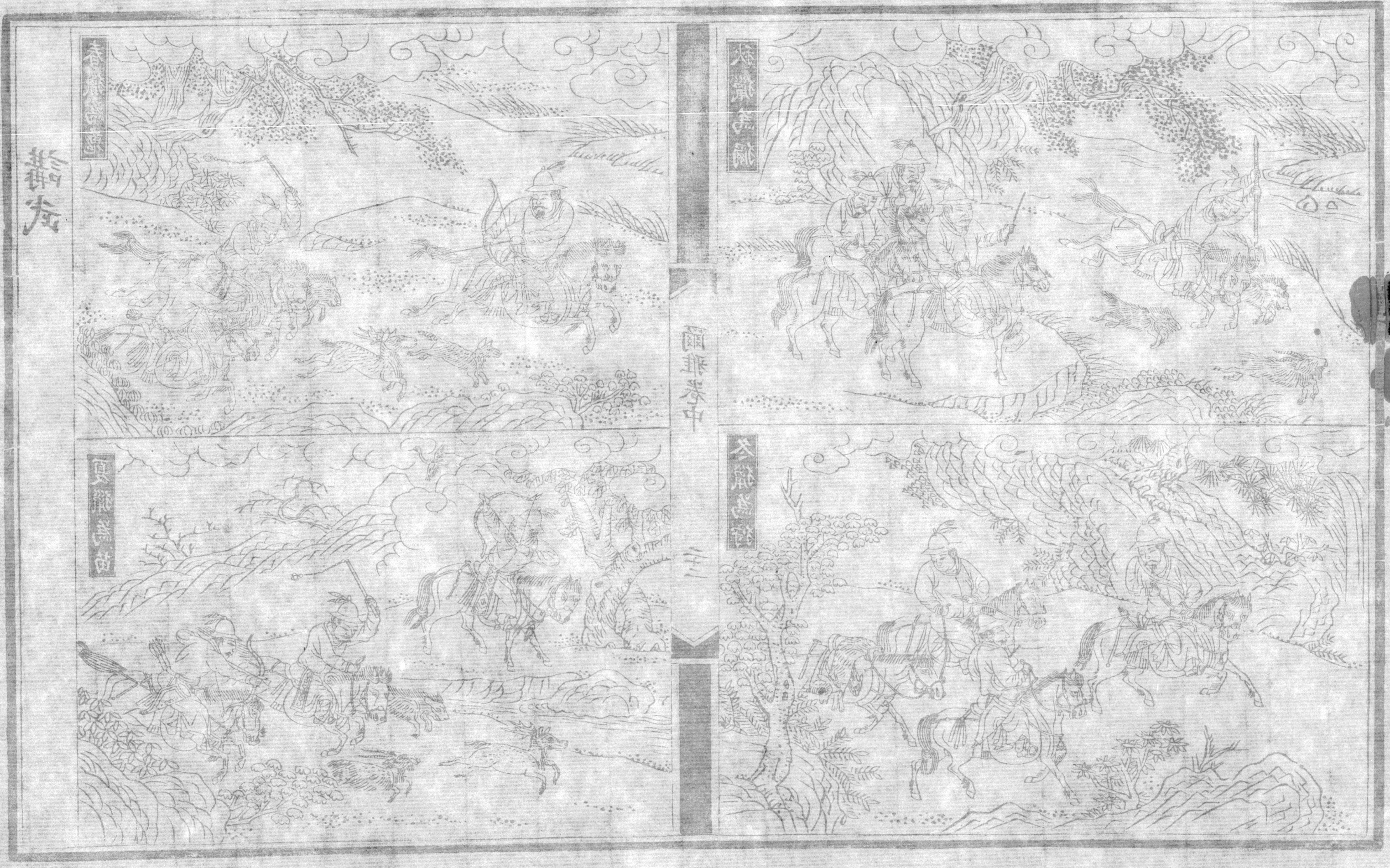

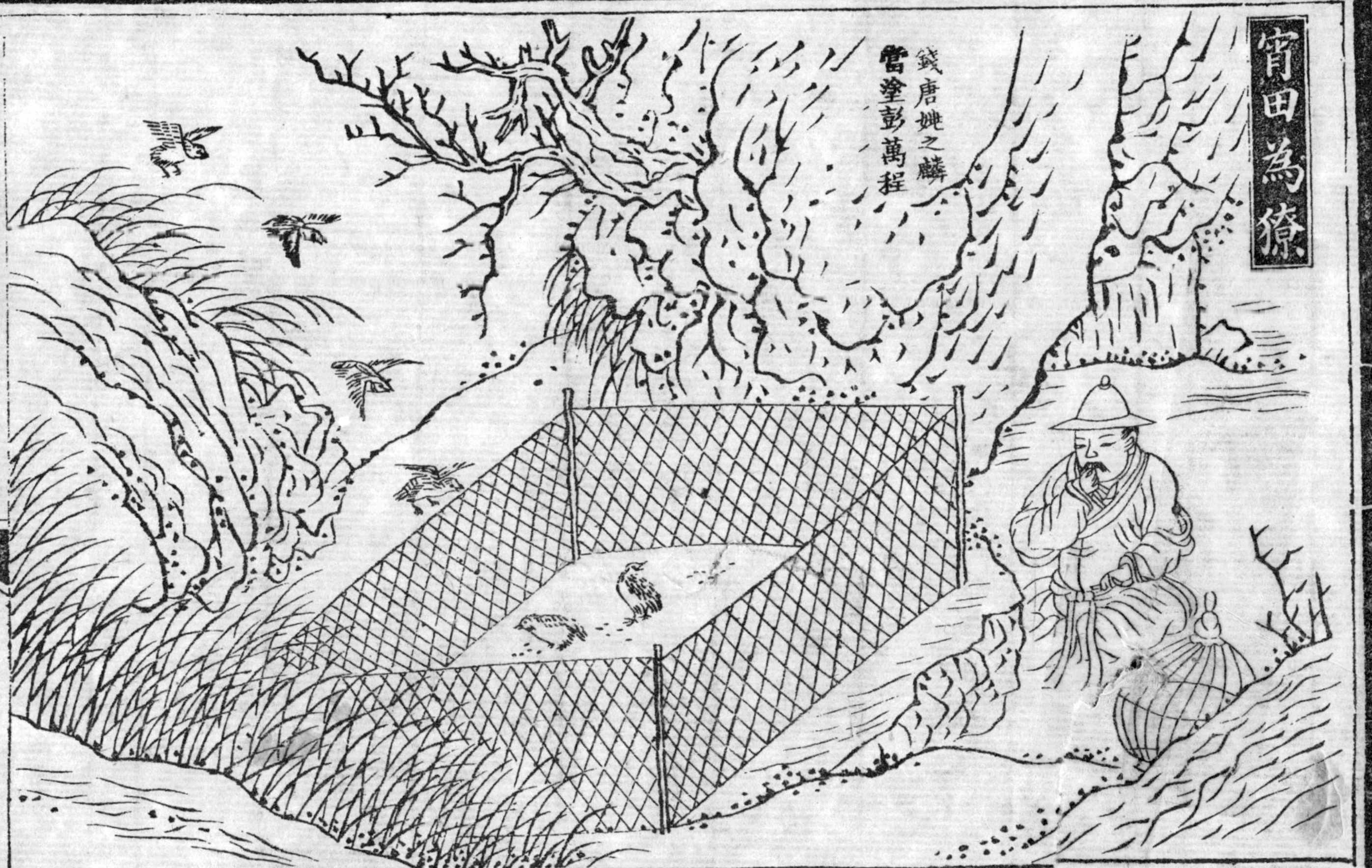
宵田為獠
錢唐姚之麟
當塗彭萬程

火田為狩

出為治兵尚威武也

入為振旅反尊卑也

圖解卷中

十三

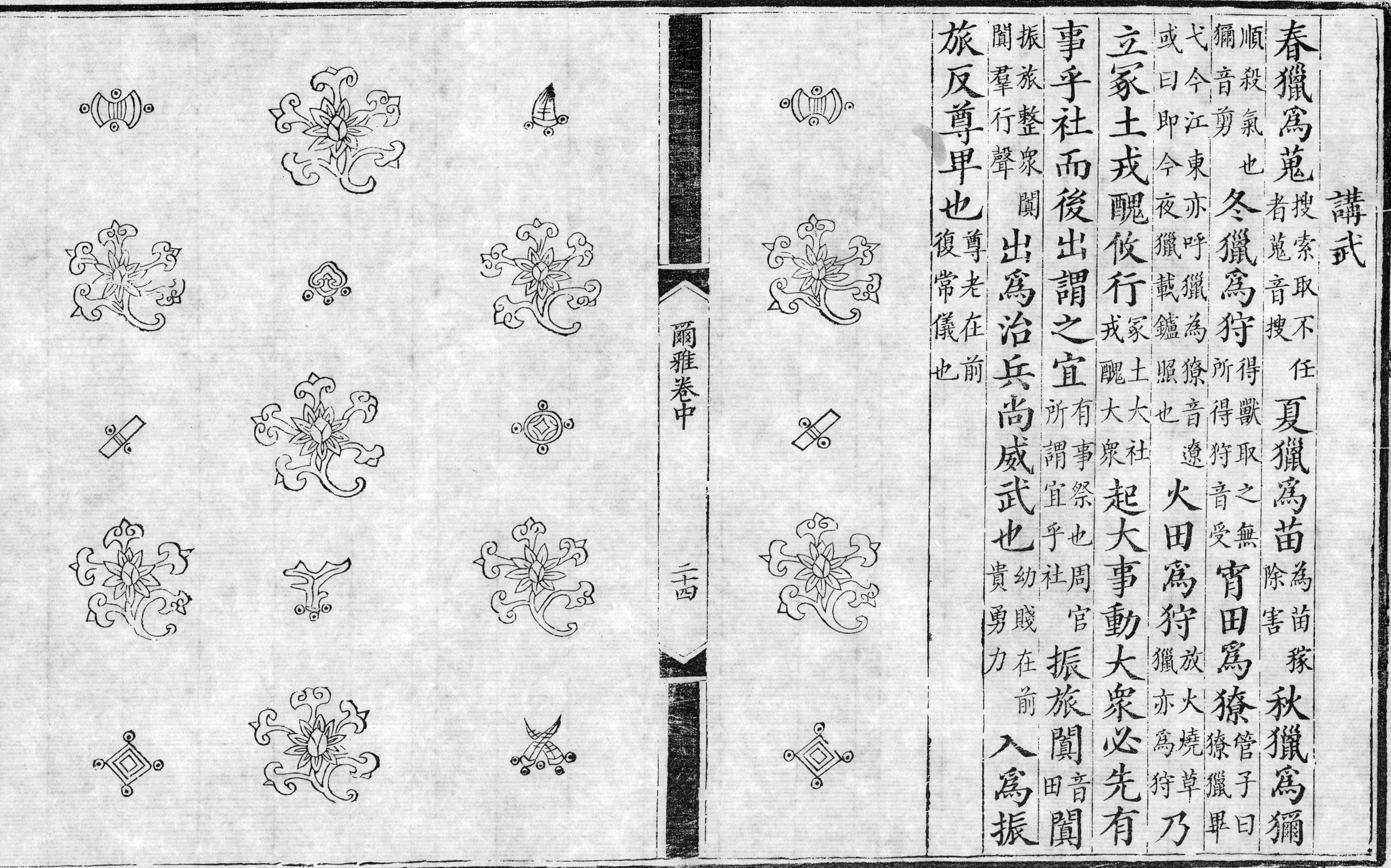

講武

春獵為蒐 搜索取不任者蒐音搜 夏獵為苗 為苗稼除害 秋獵為獮 順殺氣也獮音剪 冬獵為狩 得獸取之無所得狩音受 宵田為獠 管子曰獠獵畢弋今江東亦呼獵為獠音遼或曰即今夜獵載鑪照也 火田為狩 放火燒草獵亦為狩 乃立冢土戎醜攸行 冢土大社戎醜大衆 起大事動大衆必先有事乎社而後出謂之宜 有事祭也周官所謂宜乎社 振旅闐音田闐 振旅整衆闐闐羣行聲 出為治兵尚威武也 幼賤在前貴勇力 入為振旅反尊卑也 尊老在前復常儀也

講武

春獵爲蒐 [illegible] 夏獵爲苗 [illegible] 秋獵爲獮 [illegible]

冬獵爲狩 [illegible] 宵田爲獠 [illegible]

[illegible] 火田爲狩 [illegible]

乃立冢土戎醜攸行 [illegible] 起大事動大衆必先有

事乎社而後出謂之宜 [illegible] 振旅闐闐

[illegible] 出爲治兵尚威武也 [illegible] 入爲振旅反尊卑也 [illegible]

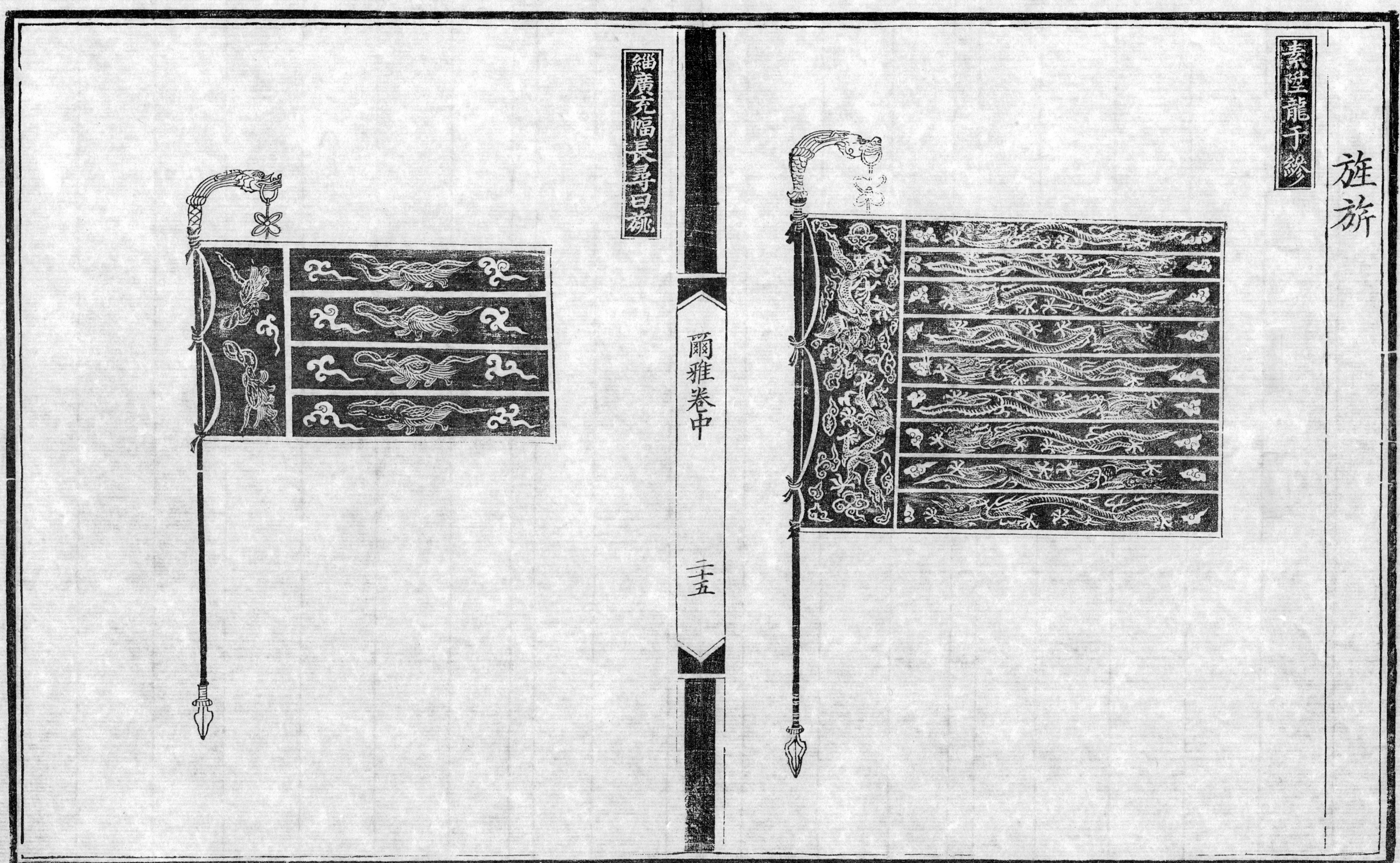

旌旂

素陞龍于縿

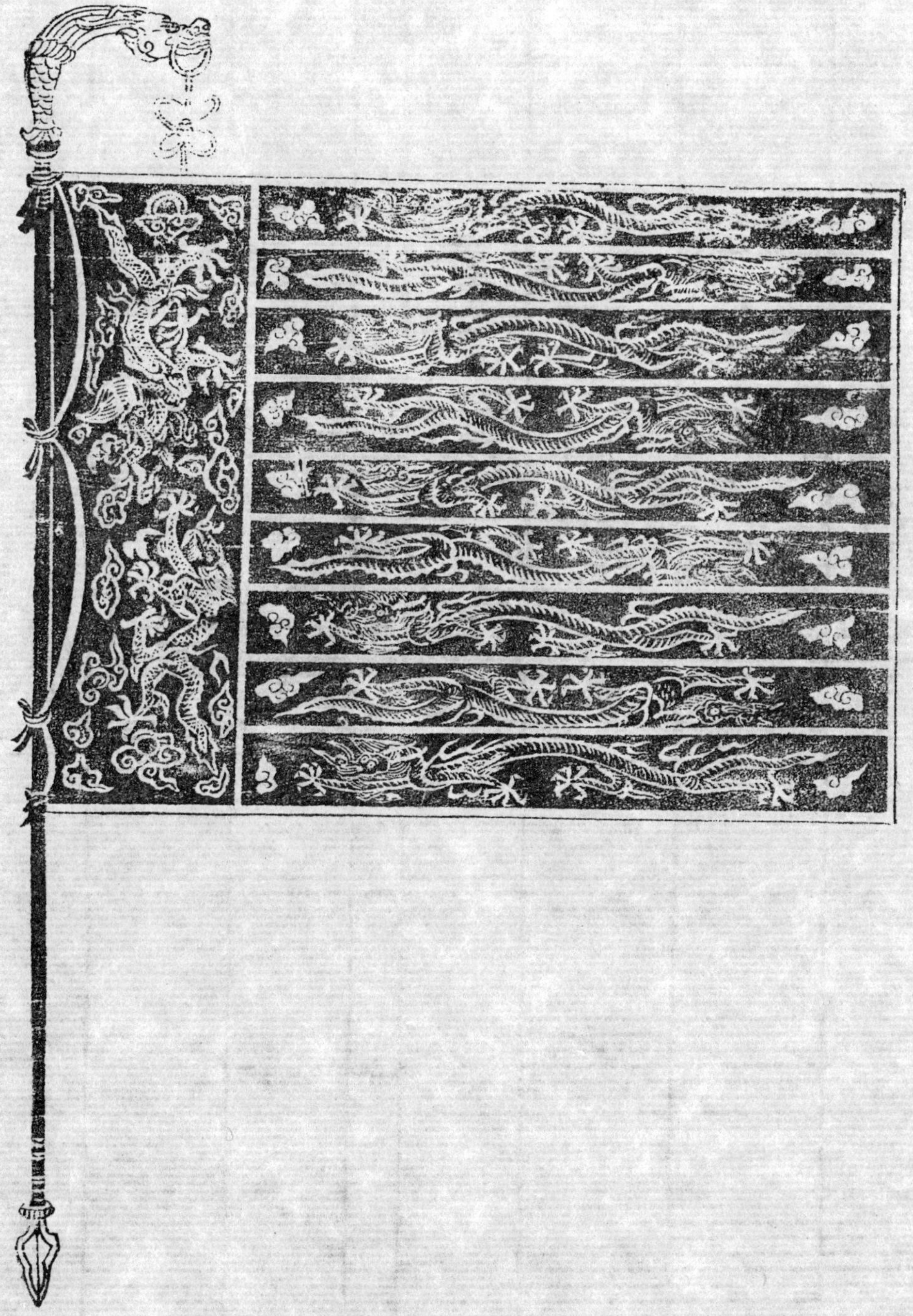

緇廣充幅長尋曰旐

設色

黃龍大纛

[illegible]

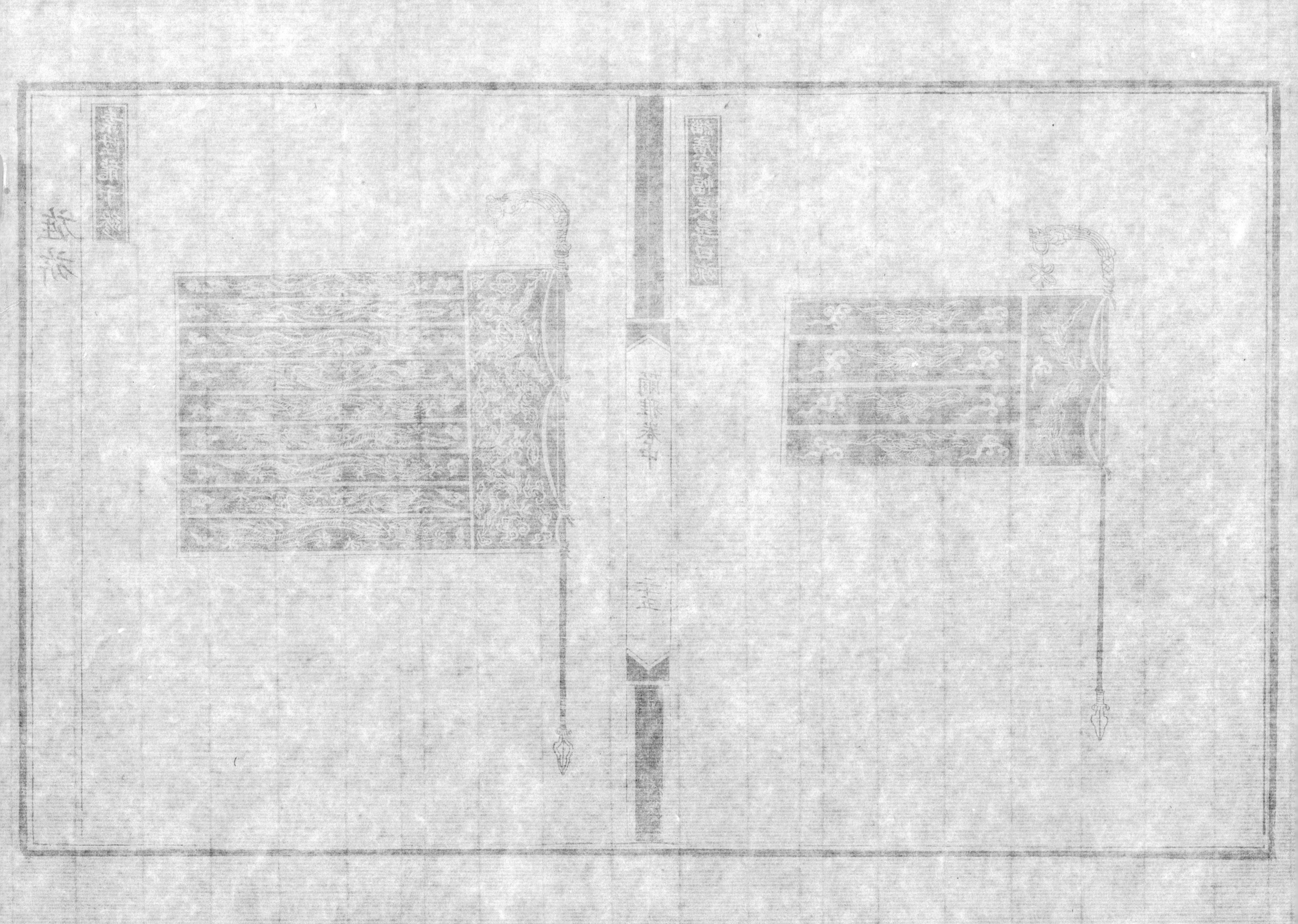

繼旐曰旆

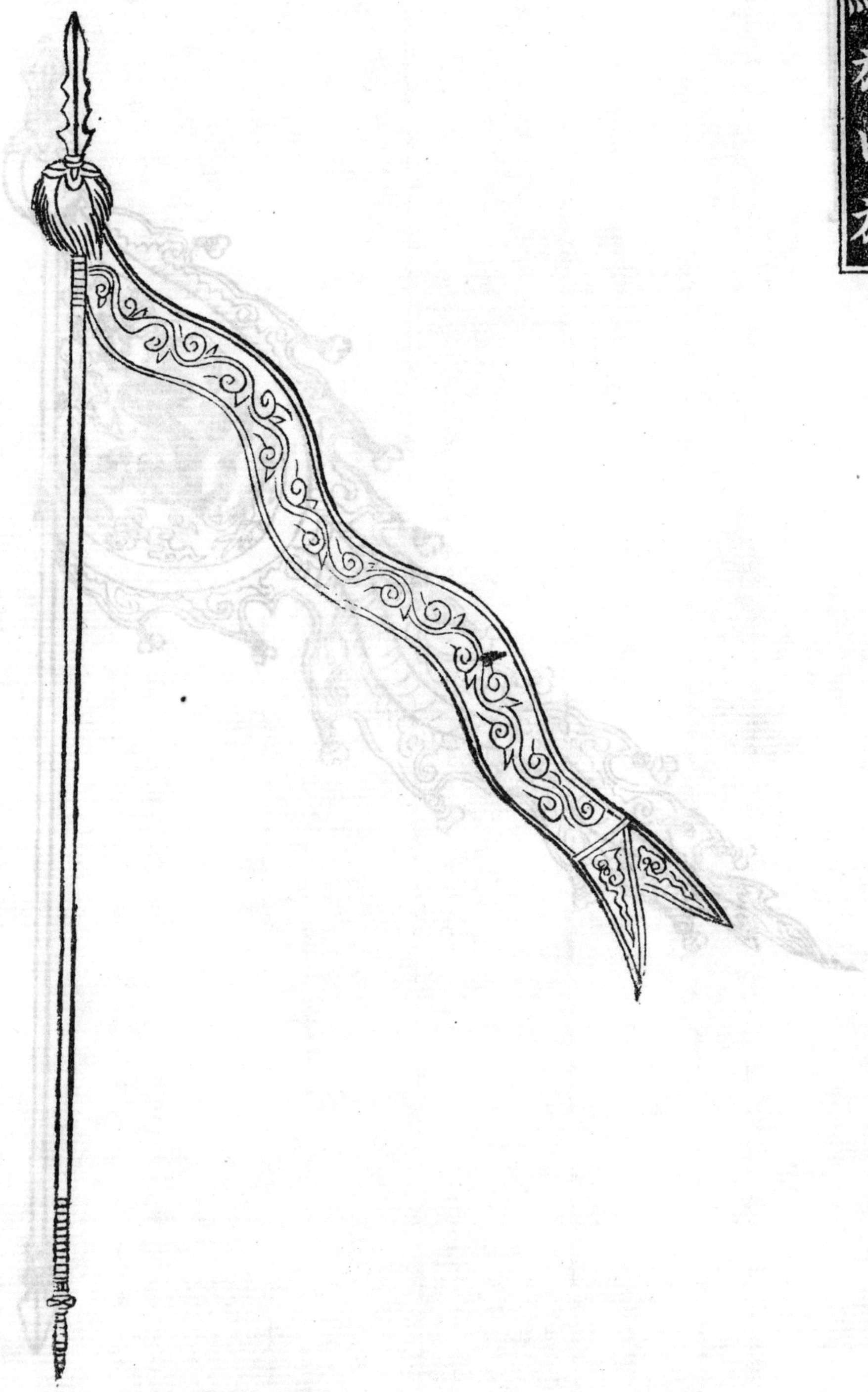

注旄首曰旌

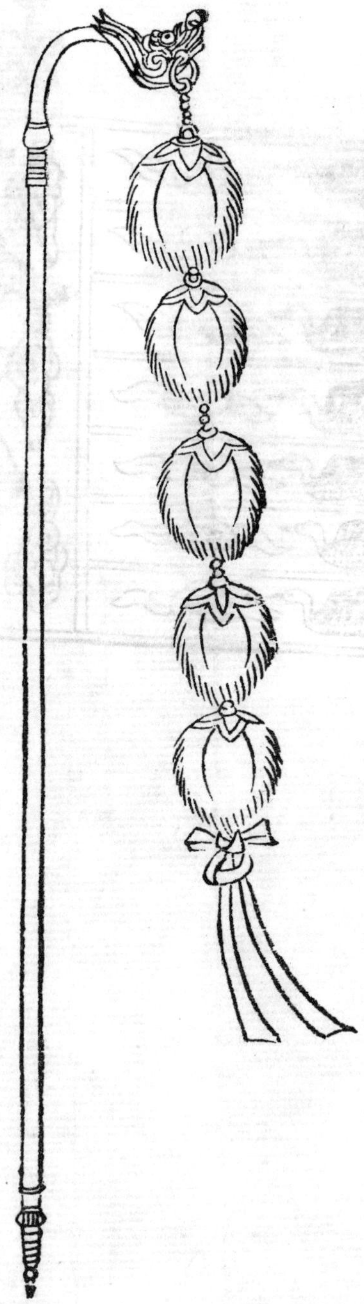

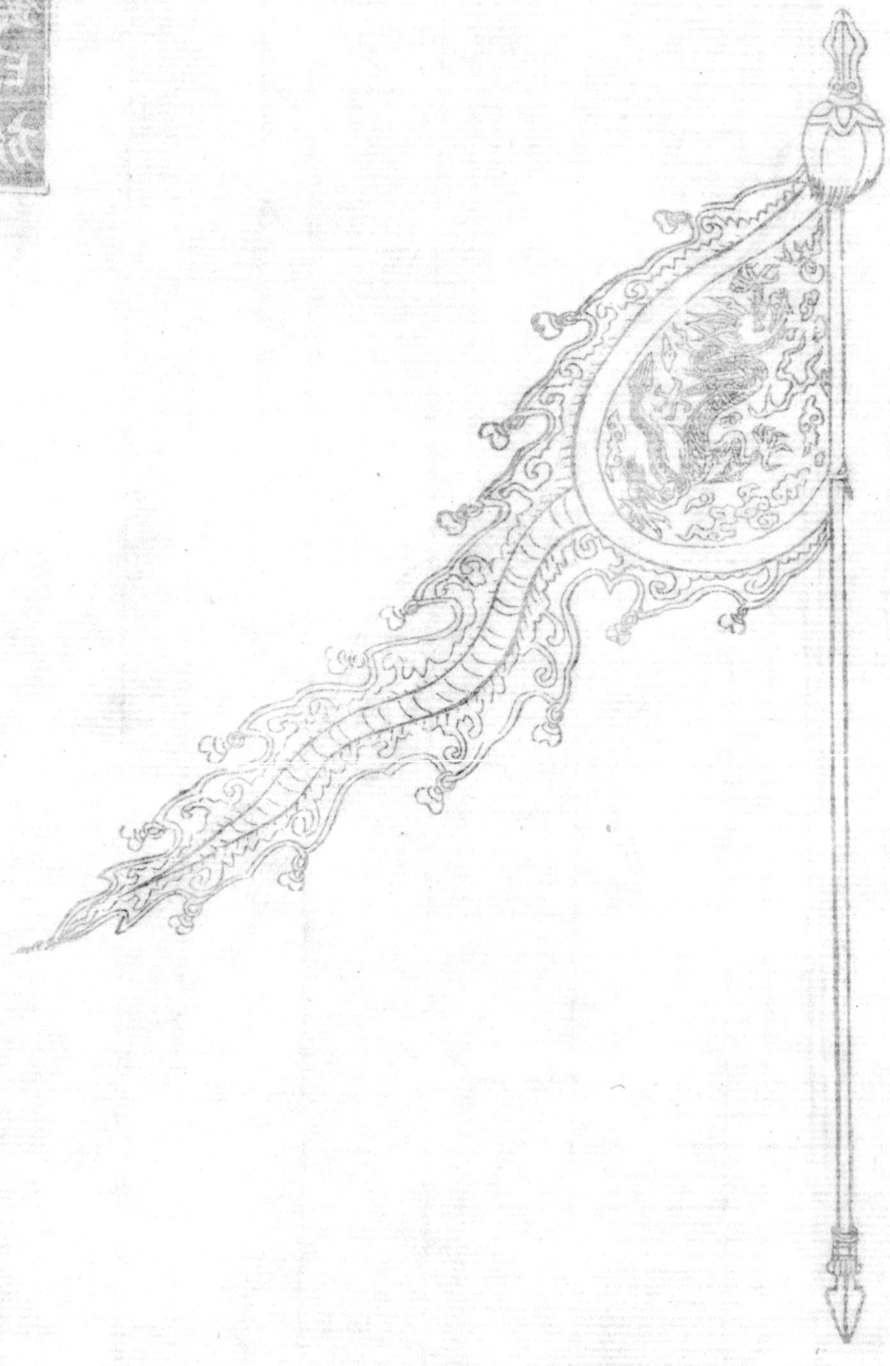

圖說卷五

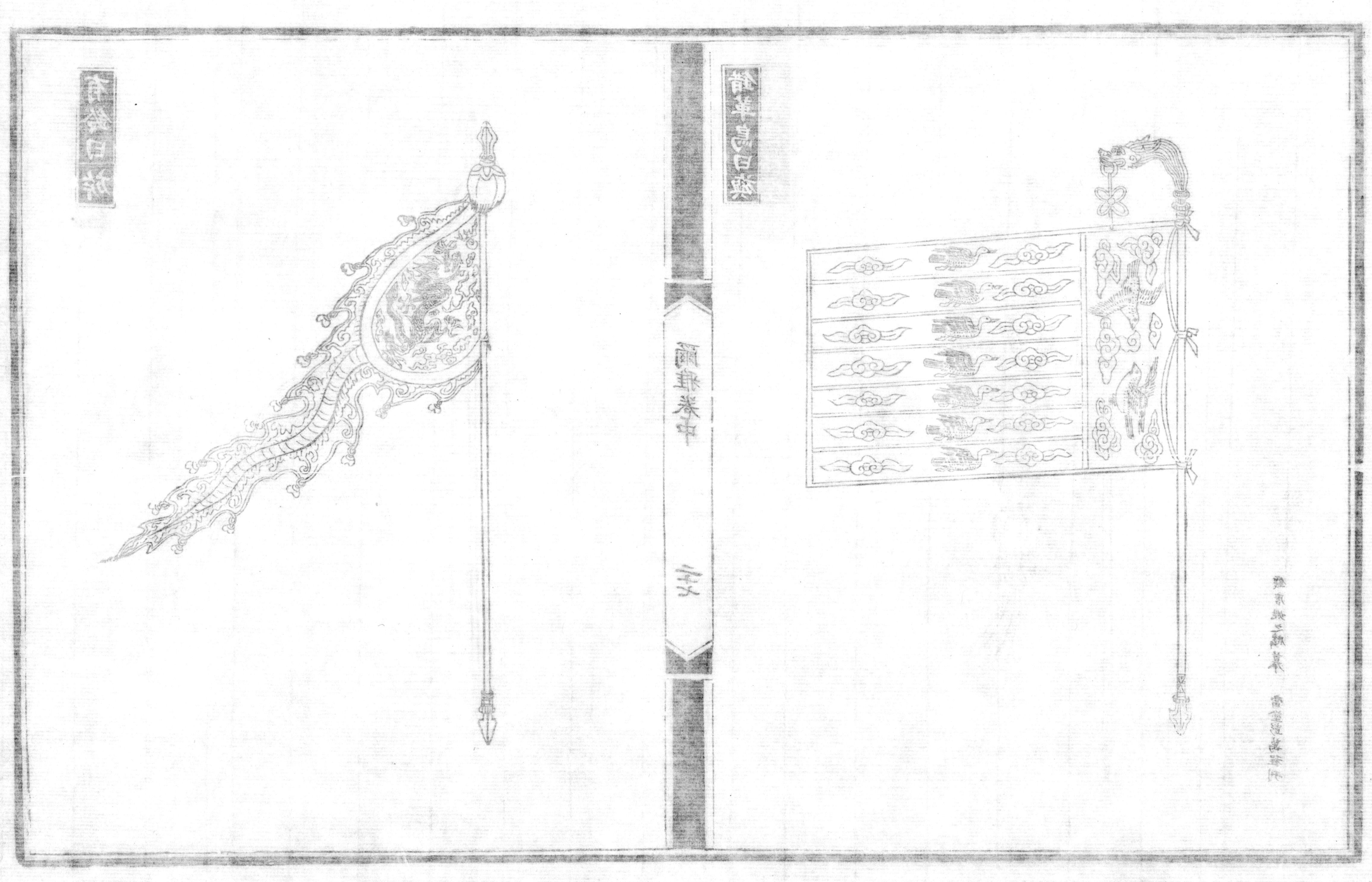

旌旂

素錦綢杠音叨以白地錦韜旗之竿杠音江纁帛縿纁帛絳也縿衆旒所著縿
音衫素陞龍于縿畫白龍於縿令上向練旒九練絳也飾以組用綦組飾
旒之邊維以縷用朱縷維連持之不欲令曳地周禮曰六人維王之太常是也緇廣音曠
充幅長尋曰旐帛全幅長八尺旐音兆繼旐曰旆帛續旐末為燕尾者義見
詩旆音佩注旄首曰旌載旄於竿頭如今之幢亦有旒有鈴曰旂縣鈴於竿頭畫
蛟龍於旒錯革鳥曰旟此謂合剝鳥皮毛置之竿頭即禮記云載鴻及鳴鳶旟音余因
章曰旃以白練為旒因其文章不復畫之周禮云通帛為旃

釋地第九

九州

兩河閒曰冀州自東河至西河河南曰豫州自南河至漢河西曰
雝州音雍自西河至黑水漢南曰荊州自漢南至衡山之陽江南曰揚州

自江南至海濟音擠河閒曰兗州自河東至濟濟東曰徐州自濟東至
海燕曰幽州自易水至北狄齊曰營州自岱東至海此蓋殷制

十藪

魯有大野今高平鉅野縣東北大澤是也晉有大陸今鉅鹿北廣河澤是也秦
有楊陓今在扶風汧縣西陓音烏宋有孟諸今在梁國睢陽縣東北楚有雲
夢今南郡華容縣東南巴丘湖是也吳越之閒有具區今吳縣南太湖即震澤是
也齊有海隅海濱廣斥燕有昭余祁今太原鄔陵縣北九澤是也鄭有
圃田今滎陽中牟縣西圃田澤是也周有焦護今扶風池陽縣瓠中是也

八陵

東陵阠音信南陵息慎西陵威夷中陵朱滕北陵西隃
音殊鴈門是也即鴈門山也陵莫大於加陵今所在未聞梁莫大
於溴梁音菊溴水名梁隄也墳莫大於河墳墳大防

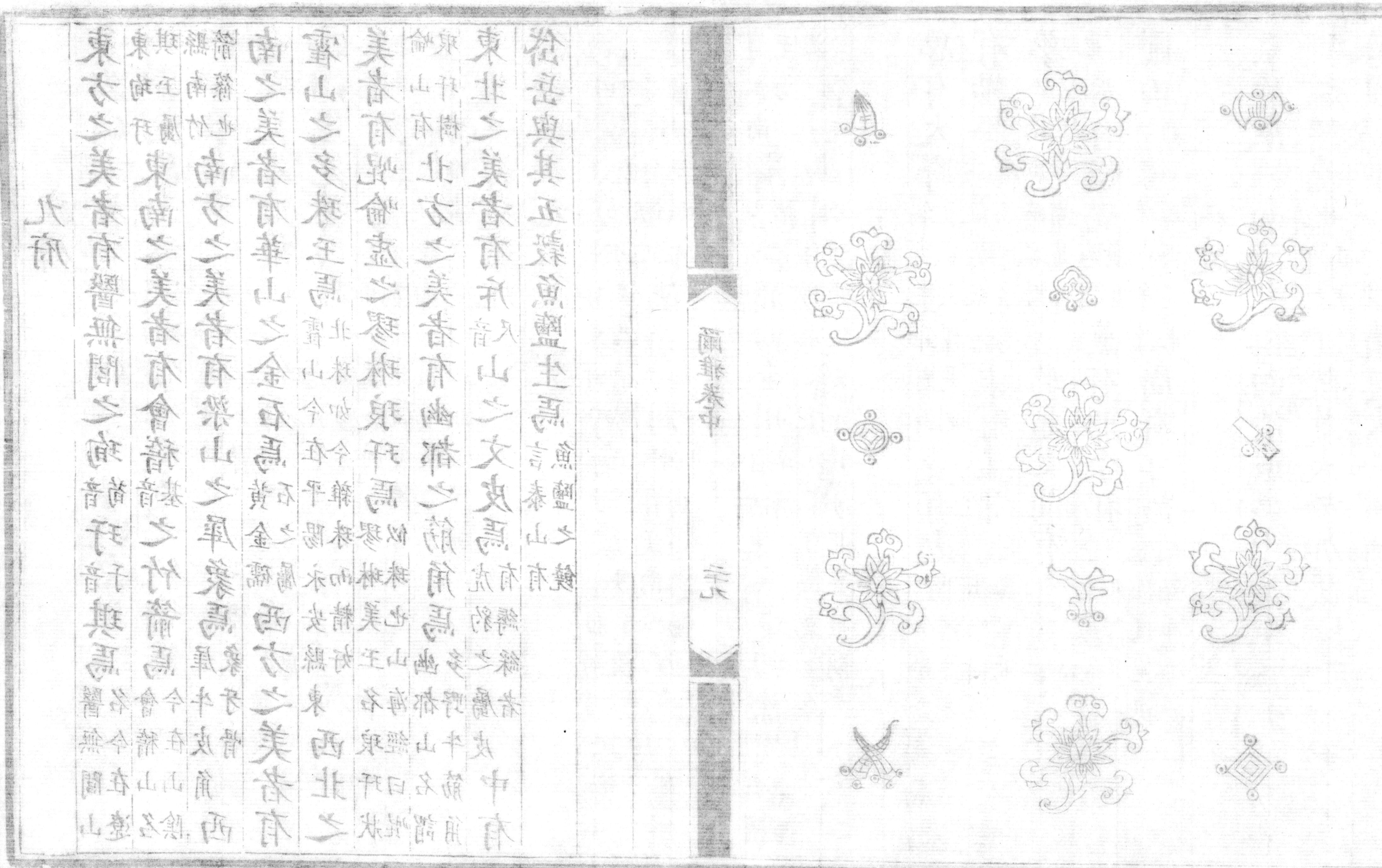

九府

東方之美者有醫無閭之珣(音荀)玗(于音)琪焉(醫無閭山名今在遼東 珣玗琪玉屬)

東南之美者有會稽(稽音雞)之竹箭焉(會稽山今在山陰縣南 竹箭篠也)

南方之美者有梁山之犀象焉(犀牛皮角 象牙骨)

西南之美者有華山之金石焉(黃金礦石之屬)

西方之美者有霍山之多珠玉焉(霍山今在平陽永安縣東北 珠如今雜珠而精好)

西北之美者有崑崙虛之璆琳琅玕焉(璆琳美玉名 琅玕狀似珠也 山海經曰崑崙山有琅玕樹)

北方之美者有幽都之筋角焉(幽都山名 謂多野牛筋角)

東北之美者有斥(音尺)山之文皮焉(虎豹之屬皮有縟綵者)

中有岱岳與其五穀魚鹽生焉(言泰山有魚鹽之饒)

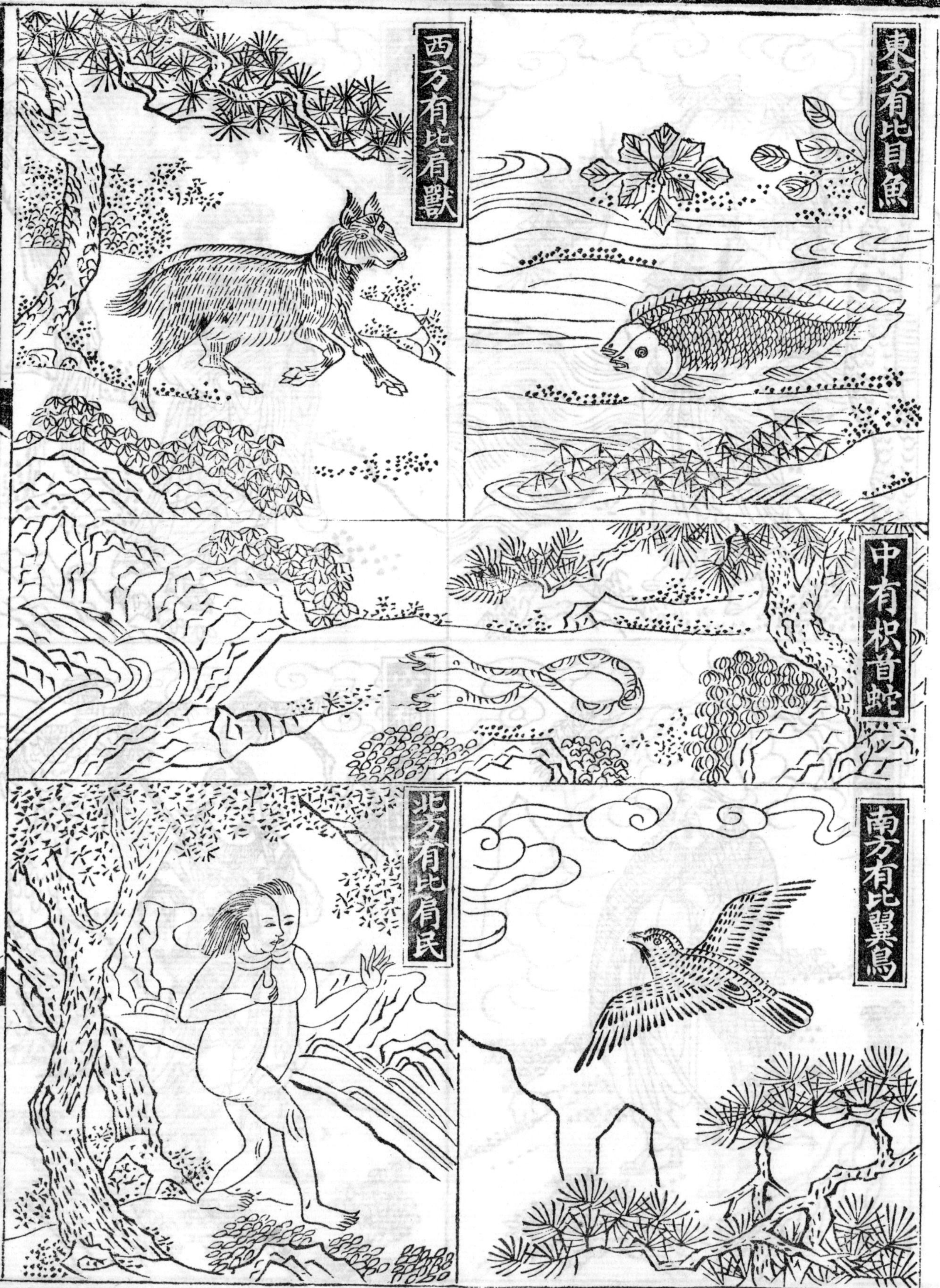
五方
東方有比目魚
西方有比肩獸
中有枳首蛇
南方有比翼鳥
北方有比肩民
爾雅卷中
三十

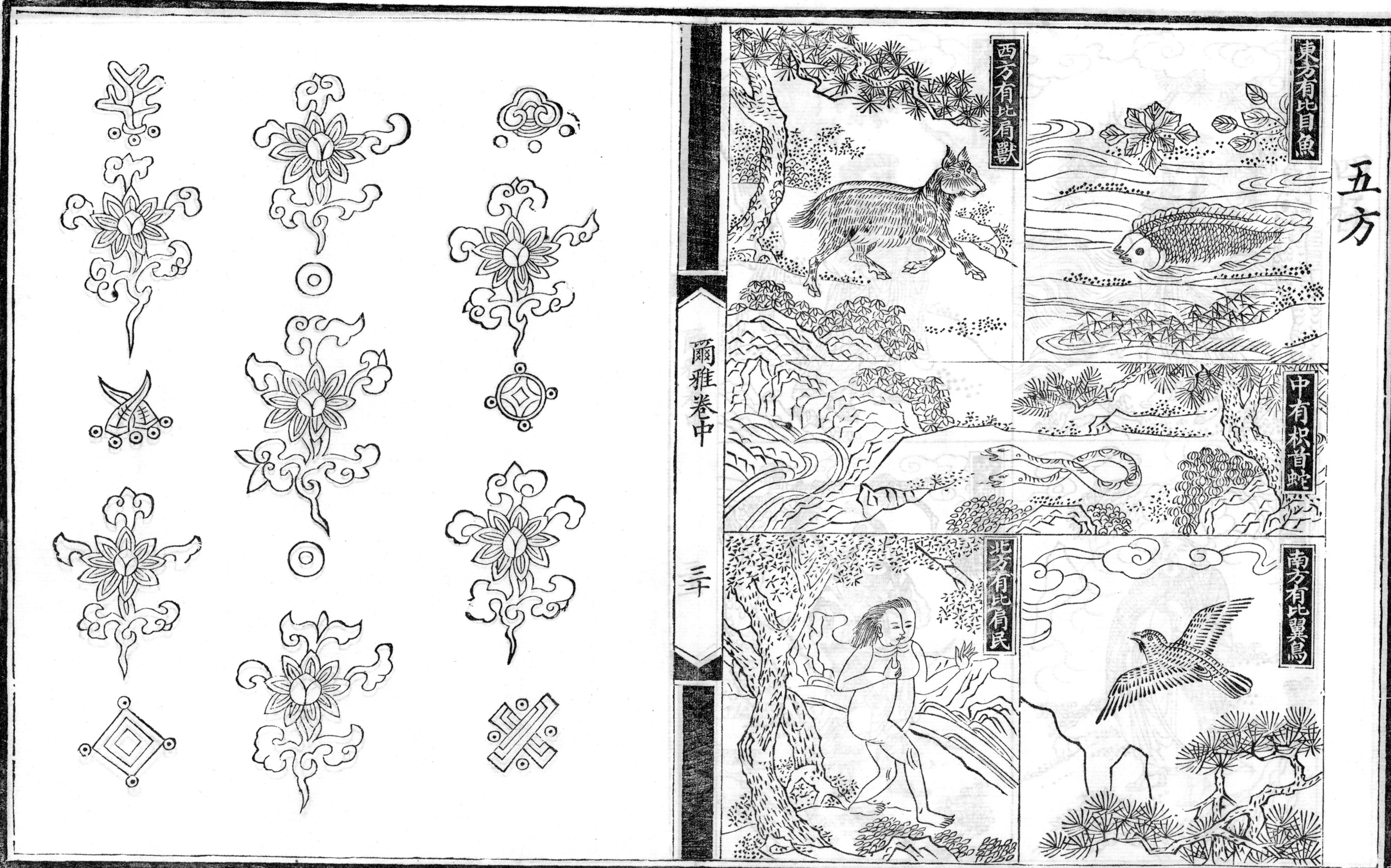

四極

五方

東方有比目魚焉不比不行其名謂之鰈狀似牛脾鱗細紫黑色一眼兩片相合乃得行今水中所在有之江東又呼為王餘魚鰈音蝶南方有比翼鳥焉不比不飛其名謂之鶼音兼鶼似鳧青赤色一目一翼相得乃飛西方有比肩獸焉與邛音穹邛岠音巨虛比為邛邛岠虛齧音孽甘草即有難邛邛岠虛負而走其名謂之蟨呂氏春秋曰北方有獸其名為蟨鼠前而兔後趨則頓走則顛然則邛邛岠虛亦宜鼠後而兔前前高不得取甘草故須蟨食之今鴈門廣武縣夏屋山中有獸形如兔而大相負共行土俗名之為蟨鼠蟨音厥北方有比肩民焉迭音牒食而迭望此即半體之人各有一目一鼻一孔一臂一脚亦猶魚鳥之相合更望備驚急中有枳音止首蛇焉岐頭蛇也或曰今江東呼兩頭蛇為越王約髮亦名弩弦此四方中國之異氣也

野

邑外謂之郊郊外謂之牧牧外謂之野野外謂之林林外謂之坰邑國都也假令百里之國五十里之界界各十里也坰音扃下溼音濕曰隰大野曰平廣平曰原高平曰陸大陸曰阜大阜曰陵大陵曰阿可食者曰原可種穀給食陂音披者曰阪陂阪不平阪音反下者曰溼公羊傳曰下平曰隰田一歲曰菑今江東呼初耕地反草為菑菑音緇二歲曰新田詩曰于彼新田三歲曰畬易曰不菑畬畬音余

四極

東至於泰遠西至於邠音彬國南至於濮音卜鈆北至於祝栗謂之四極皆四方極遠之國觚音孤竹北戶西王母日下謂之四荒觚竹在北北戶在南西王母在西日下在東皆四方昏荒之國次四極者九夷八狄七戎六蠻謂之四海九夷在東八狄在北七戎在西六蠻在南次四荒者岠齊州以南戴日為丹穴岠去也齊中也北戴斗極為空桐

(戴值)東至日所出爲太平西至日所入爲太蒙(即蒙地也)太平之人仁丹穴之人智太蒙之人信空桐之人武(地氣使之然也)

釋丘第十

丘

丘一成爲敦(音墩)丘(成猶重也周禮曰爲壇三成今江東呼地高升者爲敦)再成爲陶丘(今濟陰定陶城中有陶丘)再成銳上爲融丘(纖頂者)三成爲崐崘丘(崐崘山三重故以名云)如椉(音乘)者椉丘(形似車椉也或云椉爲稻田塍埒)如陼(音渚)者陼丘(水中小洲爲陼)水潦(音老)所止泥丘(頂上污下者)方丘胡丘(形四方)絕高爲之京(人力所作)非人爲之丘(地自然生)水潦所還埒丘(謂丘邊有界埒水繞環之)上正章丘(頂平)澤中有丘都丘(在池澤中)當途梧丘(途道)途出其右而還之畫丘(言爲道所規畫)途出其前戴丘(道出丘南)途出其後昌丘(道出丘北)水出其前渻(音省)丘水出其後沮(音蛆)丘水出其右正丘水出其左營丘(今齊之營丘淄水過其南及東)如覆敦者敦丘(敦丘盂)邐(音里)迤(音以)沙丘(旁行連延)左高咸丘右高臨丘前高旄丘(詩云旄丘之葛兮)後高陵丘偏高阿丘(詩云陟彼阿丘)宛中宛丘(宛謂中央隆高)丘背有丘爲負丘(此解宛丘中央隆峻狀如負一丘於背上)左澤定丘右陵泰丘(宋有太丘杜云見史記)如畝畝丘(丘有壟界如田畝)如陵陵丘(陵大阜也)丘上有丘爲宛丘(嫌人不了故重曉之)陳有宛丘(今在陳郡陳縣)晉有潛丘(今在太原晉陽縣)淮南有州黎丘(今在壽春縣)天下有名丘五其三在河南其二在河北(說者多以州黎宛營爲河南潛敦爲河北者按此方稱天下之名丘恐此諸丘碌碌未足用當之始自別更有魁梧桀大者五但未詳其名號今者所在耳)

厓岸

望厓音牙洒而高岸厓水邊洒謂深也視厓峻而水深者曰岸夷上洒下不
漘厓上平坦而下水深者為漘不發聲漘音脣隩音奧隈今江東呼為浦隩淮南子曰魚者不
爭隈隈音煨厓內為隩外為隈別厓表裏之名畢堂牆今終南山道名畢其
邊若堂之牆重厓音崇岸兩厓累者為岸岸上滸岸上地滸音虎墳大防謂隄
涘音士為厓猶水邊窮瀆汜水無所通者汜音似谷者溦通於谷溦音湄

釋山第十一

河南華華陰山河西嶽吳嶽河東岱岱宗泰山河北恒北嶽恒山江
南衡衡山南嶽山三襲陟襲亦重再成英兩山相重一成坯書曰至于
大坯坯音丕山大而高崧今中嶽嵩高山蓋依此名崧音嵩山小而高岑
言岑鋭而高嶠言纖峻嶠音喬卑而大扈扈廣貌小而衆巋小山
叢羅巋音魁小山岌音兀大山峘岌謂高過峘音桓屬音燭者嶧言絡驛相

連屬嶧音亦獨者蜀蜀亦孤獨上正章山上平宛中隆山中央高山脊
岡謂山長脊未及上翠微近上旁陂山頂冢山巔崒音卒者厜音垂㕒
謂山峯頭巉巖㕒音危山如堂者密形似堂室者尸子曰松柏之鼠不知堂密之有美樅
如防者盛防隄盛音成巒山墮謂山形長狹者荊州謂之巒詩曰墮山喬嶽重
甗音言隒謂山形如累兩甗甗甑山狀似之因以名云隒音儼左右有岸厒夾山有岸
厒音渴大山宮小山霍宮謂圍繞之禮記曰君為廬宮之是也小山別大
山鮮不相連鮮音尠山絕陘連山中斷絕陘音形多小石磝多礓礫磝音堯多
大石礐多盤石礐音殼多草木岵音戶無草木峐皆見詩峐音起山上
有水埒有停泉夏有水冬無水澩有停潦澩音肇山瀆無所
通谿所謂窮瀆者雖無所通與水注川同名石戴土謂之崔音摧嵬石山上有
土者嵬音委土戴石為砠土山上有石者砠音蛆山夾水澗陵夾水
澞別山陵間有水者之名澞音虞山有穴為岫謂巖穴山西曰夕陽暮乃

見日山東曰朝陽旦即見日泰山爲東嶽華山爲西嶽霍山
爲南嶽即天柱山潛水所出恒山爲北嶽常山嵩高爲中嶽大室山也
梁山晉望也晉國所望祭者今在馮翊夏陽縣西北臨河上

釋水第十二

水泉

泉一見音現一否爲瀸瀸瀸纔有貌瀸音纖井一有水一無水爲
瀱音計汋山海經曰天井夏有水冬無水即此類也汋音卓濫泉正出正出涌
出也公羊傳曰直出直猶正也沃泉縣音玄出縣出下出也從上流下氿
音軌泉穴出穴出仄音側出也從旁出也湀音揆闢流川通流過辨
音片回川旋流灉反入即河水決出復還入者河之有灉猶江之有沱灘沙出今江
東呼水中沙堆爲灘音但汧音牽出不流水泉潛出便自停成汙池歸異出同流
肥毛詩傳曰所出同所歸異爲肥瀵音糞大出尾下今河東汾陰縣有水口如車輪許潰

沸涌出其深無限名之為瀵馮翊郃陽縣復有瀵亦如之相去數里而夾河河中渚上又有一瀵瀵源皆
潛相通在汾陰者人壅其流以為陂種稻呼其本所出處為瀵魁此是也尾猶底也水醮曰厬
謂水醮盡厬音軌水自河出爲灉書曰灉沮會同灉音用濟爲濋音楚汶
音問爲灛音諂洛爲波漢爲潛書曰沱潛既道淮爲滸江爲沱書曰
岷山導江東別爲沱沱音陀過音過爲洵潁音影爲沙汝爲濆詩曰遵彼汝濆
皆大水溢出別爲小水之名濆音墳水決之澤爲汧水決入澤中者亦名爲汧決復
入爲汜水出去復還河水清且瀾音瀾漪音衣大波爲瀾言渙瀾
小波爲淪言蘊淪直波爲徑有徑涏江有沱河有灉汝有
濆此故上水別出耳所作者重見滸水厓水邊地水草交爲湄詩曰居河之湄
湄音眉濟音祭有深涉渭濟渡之處深則厲淺則揭音竭揭者揭
衣也謂褰裳也以衣涉水爲厲衣謂褌衣繇音由膝以下爲揭繇
膝以上爲涉繇帶以上爲厲繇自也潛行爲泳水底行也晏子

春秋曰潛行逆流百步順流七里

汎汎揚舟紼音弗縭音離維之紼𦆽音律也𦆽索縭緌音韋也緌繫天子造舟比船為橋諸侯維舟維連四船大夫方舟併兩船士特舟單船庶人乘泭併木以渡泭音桴

水注川曰谿注谿曰谷注谷曰溝注溝曰澮音貴注澮曰瀆此皆道水轉相灌注所入之處名

逆流而上曰泝音素洄順流而下曰泝游皆見詩

正絕流曰亂直橫渡也書曰亂于河

江河淮濟為四瀆四瀆者發源注海者也

水中

水中可居者曰洲小洲曰陼音渚小陼曰沚小沚曰坻音池

人所為為潏人力所作潏音述

河曲

河出崐崘虛音墟色白山海經曰河出崐崘西北隅虛山下基也所渠并千

七百一川色黃潛流地中汩漱沙壤所受渠多眾水溷淆宜其濁黃百里一小曲千里一曲一直公羊傳曰河曲流流千里一曲一直

九河

徒駭今在成平縣義所未聞太史今所在未詳馬頰河勢上廣下狹狀如馬頰音劫覆鬴水中可居往往而有狀如覆釜鬴音父胡蘇東莞縣今有胡蘇亭其義未詳簡水道簡易絜水多約潔鉤盤水曲如鉤流盤桓也鬲音革津水多阨狹可隔以為津而橫渡

從釋地以下至九河皆禹所名也

爾雅卷中

秣陵陶士立臨字　當塗彭萬程刻